现代英语翻译理论与技巧研究

李婧云 著

北京工业大学出版社

图书在版编目（CIP）数据

现代英语翻译理论与技巧研究 / 李婧云著. -- 北京：北京工业大学出版社，2022.4
　ISBN 978-7-5639-8331-5

　Ⅰ．①现… Ⅱ．①李… Ⅲ．①英语－翻译－研究 Ⅳ．①H315.9

中国版本图书馆CIP数据核字（2022）第083676号

现代英语翻译理论与技巧研究
XIANDAI YINGYU FANYI LILUN YU JIQIAO YANJIU

著　　者：	李婧云
责任编辑：	吴秋明
封面设计：	知更壹点
出版发行：	北京工业大学出版社
	（北京市朝阳区平乐园100号　邮编：100124）
	010-67391722（传真）　　bgdcbs@sina.com
经销单位：	全国各地新华书店
承印单位：	三河市腾飞印务有限公司
开　　本：	710毫米×1000毫米　1/16
印　　张：	10.5
字　　数：	210千字
版　　次：	2023年4月第1版
印　　次：	2023年4月第1次印刷
标准书号：	ISBN 978-7-5639-8331-5
定　　价：	72.00元

版权所有　翻印必究

（如发现印装质量问题，请寄本社发行部调换 010-67391106）

作者简介

李婧云，现为三亚学院英语教师，主要从事大学英语课程教学，主要研究方向：翻译理论与实践、英语语言文学。发表学术论文近30篇，主持或参与国家社科项目1项、省级教改和科研项目4项。

前　言

　　信息时代的到来促进了世界上不同国家、民族、地区之间进一步的合作与交流。随着中国的国际地位日益提高，对外交往越来越频繁，这在一定程度上突出了翻译这一媒介工具的重要性。

　　本书共六章。第一章为绪论，主要阐述了翻译的内涵与标准、翻译的性质与分类、翻译的准备与过程、翻译的价值与目的等内容；第二章为英语翻译相关理论，主要阐述了心理语言学理论、语用学翻译理论、对比语言学理论、模糊语言学理论等内容；第三章为中西方文化差异与翻译，主要阐述了思维方式差异与翻译、地域文化差异与翻译、社会习俗差异与翻译等内容；第四章为英语翻译的常用方法，主要阐述了遣词法、换译法、增译法、重译法、省译法、分译法等内容；第五章为英语翻译的常用技巧，主要阐述了英语词汇层面的翻译技巧、英语句子层面的翻译技巧、英语语篇层面的翻译技巧等内容；第六章为英语各类语体的翻译技巧，主要阐述了新闻语体的翻译技巧、文学语体的翻译技巧、公文语体的翻译技巧、广告语体的翻译技巧、科技语体的翻译技巧、旅游语体的翻译技巧等内容。

　　为了确保研究内容的丰富性和多样性，笔者在写作过程中参考了大量理论与研究文献，在此向涉及的专家学者们表示衷心的感谢。

　　最后，限于笔者水平，加之时间仓促，本书难免存在一些不足之处，在此恳请同行专家和读者朋友们批评指正！

目　录

第一章　绪　论 …………………………………………………………… 1
　第一节　翻译的内涵与标准 …………………………………………… 1
　第二节　翻译的性质与分类 …………………………………………… 7
　第三节　翻译的准备与过程 …………………………………………… 10
　第四节　翻译的价值与目的 …………………………………………… 18

第二章　英语翻译相关理论 ……………………………………………… 21
　第一节　心理语言学理论 ……………………………………………… 21
　第二节　语用学翻译理论 ……………………………………………… 27
　第三节　对比语言学理论 ……………………………………………… 44
　第四节　模糊语言学理论 ……………………………………………… 46

第三章　中西方文化差异与翻译 ………………………………………… 60
　第一节　思维方式差异与翻译 ………………………………………… 60
　第二节　地域文化差异与翻译 ………………………………………… 67
　第三节　社会习俗差异与翻译 ………………………………………… 76

第四章　英语翻译的常用方法 …………………………………………… 87
　第一节　遣词法 ………………………………………………………… 87
　第二节　换译法 ………………………………………………………… 88
　第三节　增译法 ………………………………………………………… 96
　第四节　重译法 ………………………………………………………… 99

第五节　省译法 …………………………………………… 100

第六节　分译法 …………………………………………… 101

第五章　英语翻译的常用技巧 ………………………………… 104

第一节　英语词汇层面的翻译技巧 ……………………… 104

第二节　英语句子层面的翻译技巧 ……………………… 110

第三节　英语语篇层面的翻译技巧 ……………………… 121

第六章　英语各类语体的翻译技巧 …………………………… 131

第一节　新闻语体的翻译技巧 …………………………… 131

第二节　文学语体的翻译技巧 …………………………… 135

第三节　公文语体的翻译技巧 …………………………… 141

第四节　广告语体的翻译技巧 …………………………… 145

第五节　科技语体的翻译技巧 …………………………… 147

第六节　旅游语体的翻译技巧 …………………………… 155

参考文献 ………………………………………………………… 158

第一章 绪 论

第一节 翻译的内涵与标准

一、翻译的内涵

中外学者和翻译理论家从信息学、符号学、文化学、艺术学等角度对翻译的内涵进行了深入研究，归纳起来主要有如下几个方面。

（一）翻译的信息学内涵

翻译是一种重要的信息传递方式，许多学者从信息学的视角来解释翻译的含义。

在王德春看来，翻译就是将一种语言中的信息进行转化，然后用另外一种语言来传达它所传递的文化信息。

李树辉认为，翻译是对信息进行解码和再编码的一种行为。此外，他还发现，从其他角度解读翻译的含义，如符号学、文艺学等，并没有充分地反映出翻译的本质特征，甚至存在着偏差。尽管他的看法具有一定的主观性，但从其存在的角度来看，翻译的内涵认识已经出现了多样化的倾向。

（二）翻译的符号学内涵

19世纪末至20世纪初，人们把文化背景和语境看作影响信息传播的重要因素，认为翻译是一种涉及整个人类交际体系的交流与沟通的活动。

许钧教授指出，翻译是一种以符号转换为手段、以意义再生为使命的跨文化交流。

杨贤玉的翻译意蕴也是从翻译符号学的角度来解读的。他把翻译分为广义和狭义两种：广义上称之为"符际翻译"，着重于"基本信息"的转化。它的范围非常广泛，涵盖了本族语言与非本族语言、方言与民族共同语、方言与方言、古语与现代语、语言与非语言（符号、数字、身体语言）的转换。狭义的翻译通常是指"语际翻译"，即英汉互译、法汉互译、德英互译等。

符号学内涵的翻译从语义之间的转换升级为言语符号对象的转换，涵盖了整个人类的交际体系。这一解释是对语言学的一种扩展，它继承了语言学定义中的"转化"与"对等"的概念，并且受到了语言学的限制。

（三）翻译的文化学内涵

传统的翻译理论认为，语言分析与文本对比是翻译研究的基本任务。但是在具体的实践中，翻译也要考虑到两种语言所承载的文化。翻译的文化学意义是以符号学的基本概念为依据的。在国外，对翻译的文化学内涵研究有很大影响的学者是兰伯特和罗宾斯。张今是我国著名的翻译理论家，他也是从文化交流的视角来阐述翻译内涵的。张今认为，翻译可以被视为两种语言社会之间的交流手段，而翻译的目标也是推动两种语言在政治、经济、文化等方面的发展。

（四）翻译的艺术学内涵

翻译的艺术性实质上就是从美学的视角来研究翻译，把翻译看作一种艺术创造。巴斯纳特、兰伯特、拉斐维尔、赫曼斯等西方文学流派的代表性人物都把翻译看作对原文的艺术再创作。茅盾认为文学翻译就是通过不同的语言来表达原文的艺术意蕴。王以铸这样解释翻译的定义：好的翻译不是把原文一字一句地搬来，而是把它的"神韵"表达出来。

这些对翻译内涵的诠释都是以艺术化为目标的，而这些界定也在一定程度上影响到了文体学、修辞学、美学以及对翻译成果的探讨。不难看出，一些观念类似于译者零星的感悟或总结，但它们在翻译的理解过程中起着过渡的作用，从无规则的概括到有规则的内容分析，译者也开始转向系统翻译理论研究。

二、翻译的标准

（一）国内典型的翻译标准

翻译是一种跨文化语言活动现象，东西方翻译界关于翻译的理论层出不穷，西方先后涌现了语言学派、阐释学派、功能学派、文化学派、解构学派、女性主义、后殖民主义等翻译理论，同时出现了"对等""等值"和"等效"等翻译理念。翻译理念及翻译派别深受哲学思想的影响，尤其前期理论受到语言哲学的影响尤甚。

中国最早的翻译思想来自道安的"五失本三不易",然后分别出现了"十条八备"、玄奘的"五不翻"、赞宁的译经"六例"、马建忠的"善译"、严复的"信达雅"、傅雷的"神似"和钱钟书的"化境"等翻译思想。

1. 玄奘的翻译标准

玄奘是佛教经典翻译的开创者,为我国的翻译事业做出了空前的贡献。玄奘根据多年的佛经翻译实践,提出了"既须求真,又须喻俗"的翻译标准和"五不翻"原则。

"求真"是指译文要忠实于原文,并保留原文的风格,是为了使真实的内容信息传递出去;"喻俗"是指把复杂的内容简化,既要忠实原文,又要易于理解。玄奘把"求真"与"喻俗"有机地融合在一起,即译文不仅要通畅、通达,还要与本民族的语言规范相统一,二者相互补充,从而对我们的翻译工作产生深远的影响。

"不翻"并非不译,而是"音译"。"五不翻"主要包括如下几方面。

① "秘密"语的翻译。佛经中有很多经文,以吟唱的方式表达其奥妙,具有隐含的意义和功能,应当音译。

② 多义词的翻译。一字多义的梵文在汉语中没有适当的词语可以用来表示,所以只能用音译的方式来表示。

③ 译语中没有的词汇的翻译。例如,中国文化中没有的东西,应当音译。

④ 约定俗成的词语的翻译。例如,一些惯用的词汇要按习惯使用音译。

⑤ "生"而不翻。这个情形是指那些有特别含义和作用的词汇也应该音译。

"五不翻"原则概括及归纳了音译的规律,在保持原作的意义与效果的同时,还能弥补因文化、语言上的差异而导致的词义空白,并引入外来词汇,对以后的翻译工作产生了极大的影响,具有很强的指导意义和作用。

玄奘对佛教经典的理解,以及他对翻译标准和翻译原则的理解,在当时都已达到了顶峰。同时,他也培养了一批优秀的译者,对后来的译经事业也有很大的影响。

2. 严复的翻译标准

在国内翻译发展中,影响较为深远的翻译准则是严复提出的"信、达、雅"。严复以前的译者们在翻译佛经时,曾先后提出了"直译求信"等翻译准则,并从"信"向"达""雅"发展和演进。严氏将前人对翻译标准的各种论述创造性地总结成三个字：信、达、雅。"信"是指译文要对原文忠实，"达"是指译文对译入语的规范表达，"雅"是指译文对原文"神韵"的优美表达。

（二）国外典型的翻译标准

西方翻译理论学派主要分成语言学派、阐释学派、文化学派、解构学派、后殖民学派等，学派众多且内涵丰富，与中国国内译论相比，既有差异和区别，又有共通之处。

1. 多雷的翻译标准

艾蒂安·多雷是法国16世纪的一位人文学者和翻译家。他按照翻译的重要性列举了五条翻译法则。要想做好翻译工作，就必须做到下面五个方面。

①彻底理解原作的意思和原文作者写作的意图。
②掌握并能熟练地运用目的语语言。
③不要一个字、一个字地翻译。
④避免生词歧义，尽可能地用日常用语。
⑤注意翻译中的修辞。

2. 乔治·坎贝尔的翻译标准

坎贝尔在翻译理论上的突破与贡献体现在他所提出的翻译"三大原则"。
①翻译时要精确地表达原文的意思。
②尽量将原文的精神与文体进行移植。
③翻译目的和翻译技巧之间有着密切的关系，翻译过来的译文也要保持语言的自然流畅。

3. 奈达的翻译标准

奈达的功能对等理论在翻译研究领域有着巨大的影响力。在奈达的功能对等理论形成之初，许多学者就意识到翻译应该包括两个过程：忠实再现原文和适应目的语读者。奈达认为，译者应力图达到两种语言之间的功能对等，而不必追求表面上的文字对应。功能对等理论经历了形式对等、动态对等、功能对等三个演变阶段。最初，奈达认为，形式对等关注的是原文，要求尽量表现原文的形式和内容，而动态对等则强调读者对译文的反应。20世纪八九十年代，奈达进一步完善了其理论，在《语言、文化与翻译》一书中，他根据认知因素和经验因素，将功能对等划分为最高程度和最低程度两个层次的对等。最低程度的对等是指"译文读者对译文的理解应达到能够想象出原文读者是如何理解和领会原文的程度"；

最高程度的对等是指"译文读者能够以与原文读者基本相同的方式理解和欣赏译文",然而最高程度的对等很难达到。

1964年,奈达在《翻译科学探索》一书中提出形式对等和动态对等两个概念。形式对等既强调原文与译文之间语言形式的对等,又强调内容的对等。换言之,译者应确保译文的内容和形式接近原文的内容和形式。奈达的对等理论的核心是用最接近、最自然的方式将与原文对等的信息表达出来,使译文读者和原文读者具有基本相同的反应和感受。为了追求这种对等,译者倾向于保留诸如标点符号和段落分隔符等正式符号,以再现原始的写作风格。形式对等可用来翻译一些简单的句子,基本上相当于直译,但多数情况下,过分强调形式、只按字面意思翻译可能会使译文与原文相差甚远。

1969年,奈达在《翻译理论与实践》一书中进一步阐述了动态对等的概念,并提出"所谓翻译,是在译入语中用最贴切而又最自然的对等语再现源语的信息,首先是意义,其次是文体"。为了用最接近和最自然的对等语从语义到文体再现源语信息,必须保留原文的内容和内涵,以便译入语读者的阅读感受和源语读者的感受大致一样。只有从语言形式到文化内涵,都能够再现源语的风格和精神,才能称之为优秀的翻译。

1986年,奈达在《从一种语言到另一种语言》一书中开始用功能对等代替动态对等,然而,它们之间并无太大区别。早在1964年,奈达就已论及功能对等,"基本上,动态对等是从功能对等的角度来描述的。翻译的定义是建立在这样的基础上的:译文的读者对译文的理解必须达到原文读者对原文理解的程度"。功能对等是奈达翻译理论的核心,该理论以信息论为基础,强调读者的反应。

1993年,奈达在《语言、文化与翻译》一书中论证了翻译是两种文化之间的交流,对于一个真正成功的译者而言,了解两种文化比掌握两种语言更重要,因为词语只有在其有效的文化背景下才有意义。也就是说,翻译的最终目的是交流,译入语读者所收到的信息才是至关重要的。由于两种语言之间存在着文化差异,译者不应一味追求简单的字句对等,而应按照译入语的表达习惯进行翻译,即强调信息的再现。

奈达认为,翻译的最低要求是译文读者要能够理解译文所传达的信息。无法让人明白的译本,就不可能是忠实的翻译。因此,一个好的译者在翻译时,一定要注意对同一句子或段落的不同翻译方法。应当说,这种观点在理论上是合理的,但是由于译者的能力限制,在实际的翻译中是很困难的。

奈达的翻译标准可以归纳为"忠实原文、易于理解、形式恰当、吸引读者"。奈达在翻译准则中引入了读者因素，这对于翻译标准的研究具有重要意义。

4. 费道罗夫的翻译标准

费道罗夫是苏联著名的翻译学家，也是一位著名的语言学家。他在《翻译理论概要》中提出确切翻译、等值翻译等术语，并指出要充分精确地表述原文的思想内容。《翻译理论概要》是苏联第一部以语言学为视角的翻译理论著作，它的中心思想是"等值论"。

费道罗夫的翻译标准分为以下两个方面。

①翻译要尽可能准确地让目的语读者理解原文的内容。

②翻译是指用目的语语言把已经在内容和形式上不可分割的原作语言表现出来。

费道罗夫的"等值论"是我国翻译理论界公认的一种翻译准则。他是第一个从语言学角度对翻译理论进行系统研究的理论家，同时也是对传统翻译理论提出疑问的人。

20世纪80年代以前，西方翻译思想深受柏拉图"本质主义"哲学思想的影响，即意义具有普遍性和恒定性，在经过不同语言传递前后都能保持原始意义的"原汁原味"。撇去中西哲学理念的差异，无论是西方的翻译思想，还是中国的"信、达、雅"等翻译理念都充分阐明：译作依附于原作，译者自然要逊色于作者。此后，意义恒定观催生了翻译对等论。翻译对等论作为西方翻译理论发展的早期概念，已经在翻译主流理念中存在1500年了。对等是以所有语言都有相同的表现能力为前提的，它是指翻译中源语成分和目的语成分具有相同的意义价值。具体来说，就是要求原作和译作具有相同的信息、相同的思想、相同的意境和相同的语体风格。它认同两种语言的成分可以实现等值，即语言之间可以完全对等和相互转换，译者的工作主要是在另一种语言内恢复原著的丰韵。作者由此获得了绝对的控制权，译者的作用及影响会被作者无情地"吞噬"。尽管在具体的翻译实践中，译者对原著拥有少量的艺术处理和创造性变动的权利，但他的著作权基本还是被否定的，译者由此变成了作者的影子。

第二节 翻译的性质与分类

一、翻译的性质

什么是翻译？关于这个问题，人们的观点各不相同。不同的观点会导致不同的翻译方式和翻译策略。

语言学翻译观可分为传统型和当代型两种。从19世纪开始，传统的语言学领域就一直在关注着翻译问题。正如英国语言学家卡特福德所说，翻译是一种语言的运作，也就是将一种语言的文字替换成另外一种语言的文字。张培基认为，翻译就是通过一种语言，将其他语言的思想内容精确、完整地再现。苏联语言学家巴尔胡达罗夫提出，翻译就是将一种语言中的连续语转变为另一种语言中的连续语。当代语言学的翻译观受到当代语言学的影响，将其从语言层面延伸到交际语境、语域、语用等方面。从语言的作用和交流两个方面对翻译进行分析，通常把重点放在译文的翻译上，而非文本，其目的在于与读者进行沟通与交流。

奈达是西方翻译理论中最具代表性的一位。他认为，翻译是指在译入语中，以最接近源语的形式呈现出与原文最接近的自然对等物，一是意义，二是文体风格。奈达主张，一个理想的翻译是以读者的反应为标准的，也就是译文读者与原文读者在阅读过程中要产生相同的反应。刘宓庆先生认为，翻译本质上就是意义的转化。蔡毅也认为翻译是把一种语言的意思用另外一种语言来表达。

文艺学的翻译原则是以文学理论为基础对翻译进行阐释。他们把翻译看作一种艺术形式，它注重语言的创造作用，注重译文的艺术效果。巴斯纳特、兰伯特、拉斐维尔等都属于文学流派，他们把翻译看作对原文的再加工。在国内，文学翻译的观点也相当多，比如傅雷的"神似说"、钱钟书的"化境说"等。

文化学翻译的原则是从文化的角度进行的。文化翻译论的学者们认为，翻译不仅仅是语言的象征，更是一种文化的交流。翻译是一种文化活动，它的含义是通过其他语言的转换来传达的。翻译是跨语言、跨文化的交流与沟通。许多西方学者都把"跨文化"交流作为一种翻译活动。

从以上学者和翻译理论家对翻译的认识来看，翻译的过程既涉及两种语言，也包括了两种文化。从这一点可以看出，翻译不仅仅是一种语言行为，更是一种文化行为。翻译是一种文化的载体，它是一种通过语言机制的转化而将自己的文化和外来的文化联系起来的纽带。翻译实际上是两个社会的交际过程和交际手段，其目的在于推动社会政治、经济或文化的发展，其任务就是将原文所包含的真实世界的逻辑映射或艺术形象从一种语言中完整地转移到另一种语言中。

二、翻译的分类

（一）卡特福德的翻译分类

这种分类是基于翻译的层次、翻译的范围、语言的等级等方面进行的。

①从翻译的层次（语法层面、词汇层面、语音层面、词形层面等）进行分类，翻译可划分为完全翻译与有限翻译。前者即源语的语法和词汇被等值目标语的语法和词汇所取代；后者是指源语文本只在某一水平、某一层次上由译语文本替代。

②从翻译的范围进行分类，可以把译文分成全文翻译和部分翻译。

③从语言的等级（词素、词、短语、句子等）对翻译进行分类，可以分成逐词翻译、直译和意译。

（二）雅各布森的翻译分类

这种翻译分类是从语言学和符号学视角进行的。

1. 语内翻译

语内翻译是用同一语言的另一符号来阐释其言语符号。换句话说，语内翻译是同一语言间不同语言变体的翻译，或者说，语内翻译就是把一种语言材料用同一种语言换一种说法，即重新解释一遍。语内翻译包括古代语与现代语、方言与民族共同语、方言与方言之间的转换。英语学习中解释疑难句子常常用到的释义（paraphrase）其实也是一种语内翻译，即同一种语言内部的翻译。

语内翻译不一定要指向某个预设的真理，它还可以沿着不同的路线导向去往不同的目的地。唯一能够确定的是，对同一文本的阐释有着共同的出发点，在某种程度上，语内翻译不需要将意指对象完整真实地显现出来，它仅是一种表现形式，体现着人类精神的相互沟通和相互阐发的过程。人类精神文化的不断创造过程使人类的文化不断地丰富起来。

2. 语际翻译

语际翻译是指两种语言之间符号的转换。这也就是真正意义上的翻译，是对原文符号在另一种文化中的解读。这种解读将所有的原文本符号都放置于一个宏观的文化背景或"非语言符号体系"中。要想达到语际翻译层面的对等，就要使处于源语文化中的符号在目的语文化中得到正确的解读与传译。从符号学的角度来讲，一个语言符号的指示意义由三种意义共同构成：语义意义、句法意义和语用意义。如何正确地传达出这三种意义便是实现语际翻译的重点所在。

3. 符际翻译

符际翻译是指运用非言语的符号体系来解释语言的符号体系。浙江大学许钧教授指出，"符际"的翻译是人们经常使用的文字、语言、舞蹈、音乐、绘画等的符号之间的翻译。一般来说，一个人掌握了越多的符号，符号间的翻译能力越强，感知世界的能力也就越强。可见，符际翻译是指原文符号在非言语层面上的解读。它并不传递原文的意义，而是传递对语言的直接感觉，是对作为基于图像符号意义本身特性的翻译。具体来说，符际翻译对等表明了原文与译文的一些相关的物理特征。英汉差异使译文在句子的长度、标点符号的使用上难以达到对等，但在符际层面上至少要达到外观结构上的大致对等。

（三）其他学者的翻译分类

在翻译研究发展的基础上，其他学者纷纷从不同角度对翻译进行了分类。根据翻译主体的性质或翻译的手段，翻译可分为人工翻译和机器翻译；根据翻译所涉及的语言的形式与意义，翻译可分为语义翻译和交际翻译；根据翻译的处理方式，翻译可分为全译、摘译和编译；根据翻译客体的性质或翻译的题材，翻译可分为文学翻译和实用翻译；根据译者翻译时所采取的文化姿态，翻译可分为归化翻译和异化翻译。

随着翻译的不断完善，各国、各团体之间的交流日益密切。即使是在同一种文化的范围之内，也可以通过翻译活动的发展来推动文化的发展。翻译不仅是语言和文字的僵化转换，而且具有很高的审美价值。翻译工作者在把握和理解原文时，必须对其进行审视和创新，以反映其审美追求和人文观念。

第三节 翻译的准备与过程

一、译前准备

好的开端是成功的一半,翻译作为一项较为复杂的实践活动,其前期准备和过程是同样重要的。

(一)了解翻译文本及作者

1. 文本分析

翻译前的文本分析应该说是翻译的第一步工作,要分析文本的体裁。例如,纪实文学是指借助个人体验方式(亲历、采访等)或使用历史文献(日记、书信、档案、新闻报道等),以非虚构方式反映现实生活或历史中的真实人物与真实事件的文学作品,包括报告文学、历史纪实、回忆录、传记等多种文体。纪实文学存在的目的是希望通过精妙的语言、独特的叙述方式以及丰富的故事情节将作品中展现的大量事实复现、再现和表现出来,因而纪实文学既具有实用性,又具有审美性。故在翻译时需考虑到其社会性、文化性、文学性和简洁性,将源语文本中的语言文字和社交因素合理地体现在译文中。经济文本是非文学翻译中的一部分,经济文本翻译的主要目的是向目的语读者准确传达原文想要表达的真实含义。非文学文本的翻译就需要译者可以透彻地理解原文,并且用目标语读者可以完全理解与接收的话语去表达原文本的意思。

对于文本的分析可以从文本外因素和文本内因素两个方面展开。

文本外因素包含发送者、发送者的意图、受众、媒介、交际时间、交际地点、交际动机、文本功能。文本的发送者是某人或某机构,他们利用文本向某些人传递某种信息或产生一定效果。就文本类型而言,德国学者凯瑟琳娜·赖斯将文本按照交际功能分成了"信息型文本、表情型文本、操作型文本和视听型文本"四大类。翻译中要关注原文的实际内容,在翻译过程中要立足于文本的真实性,并展现文章的审美性。

文本内因素包括文本题材、文本内容、预设、文本构成、非语言成分、词汇、句型结构和超音段特征。例如,我们对纪实文学的文本内因素可以从语言、句法和篇章三个方面详述。语言方面:①常见词汇、口语化词汇使用多,生僻词、复杂词使用少。②长短句糅合出现。句子种类以陈述句为主，而长句中插入语和从句使用较多，插入成分多为短语或者小短句，除补充必要信息外，也可体现作者情感。在翻译这些句子时需要在把握句义的基础上，保留原文作者的写作风格，凸显作者的感情色彩，传递出原作的语言特点和文体风格，并保持翻译的连贯性。③修辞体现较多。修辞可以增加文章的文学性，也可起到强调的作用。文本如何将语义不明晰、含有作者感情色彩的语句以及含有修辞的内容转化为目的语的表达习惯，在保证译文"信"的基础上，尽量据实传递原文信息，展现原文语篇风格，既保证译文的准确性，又兼顾译文的可读性，保证译文读者获得与原文读者同样的阅读体验，达到语言语用方面的等值，是需要反复斟酌的。东西方社交文化背景有较大区别，主要体现在文化和宗教内容上。

再如，对经济文本内因素的分析，可以从文本的体裁、非语言成分、词汇、句法、语态、篇章结构等方面进行。从文本体裁上来看，与文学翻译不同，经济文本的翻译最重要的就是向读者传递信息，将源语文本的内容准确无误地呈现出来。一般在此类翻译中，译者不需要使用太多的修辞方法，因为此类文本的内容大多都为客观事实类的信息以及专业术语，但需要译者具有缜密的逻辑思维，能够清晰地对原文本进行分析。因此在进行翻译实践时要时刻谨记经济文本的文体特征，保持译文与原文风格相一致。从非语言成分看，翻译实践文本中有大量图表等副文本内容，以对文本内容进行更直观的展示与说明，同时也使读者能够更加透彻地理解文本所列条目的深层含义。因此，在翻译时要将图表信息全部译出，一则图表可以更为清晰地展示原文论据，二则图表相较于文字更有说服力，同时也可以更加准确地反映出原文所述观点。从篇章结构来看，在阅读过源语文本后，发现经济文本在上下文的字里行间中存在着大量的逻辑衔接词，因此文本的篇章具有很强的逻辑性。在处理该类篇章时，需对复杂的语篇结构抽丝剥茧，厘清内部的逻辑关系，力求译文能够条理清晰、符合逻辑。译者作为跨语言交流中的桥梁，首先要做的就是对文本的词汇特征进行分析。经济文本中含有大量的专业术语，但译者往往对该专业的专业知识知之甚少，这就需要在分析词汇的过程中通过平行文本做横向对比，同时进行必要的查询，对文本的词汇特征以及专业术语做出总结，避免重复查找造成不必要的困扰。专业表达以及复杂的句式结构增添了翻译的难度，在翻译时要通过具体的话语意义明确隐藏在概念意义之下的内涵意义。同时，在翻译实践的过程中，可以借助相关理论更好地解释话语的弦外之音，解读其内涵意义。由于经济类文本主要是阐述客观信息，没有太多的主观色彩，因此源语文本大多使用的是被动语态。

2. 了解作者

要想了解作者，需要弄清楚他的生活时代、政治态度、社会背景、创作意图、个人风格等。比如，若要翻译一名作家的一篇小说，为了获得有关作者的一些基本信息，可以阅读作者自己的传记、回忆录，或者别人写的评传，或者研读文学史、百科全书、知识词典等。

3. 了解相关背景知识与超语言知识

背景知识是指与作品的创作、传播及与作品内容有关的知识。超语言知识按语言学的定义指交际的环境、文章描述的环境及交际的参加者等。两个概念的外延合起来大约涵盖了前辈翻译家所说的"杂学"。具体来说，背景知识与超语言知识大致包括以下几个方面的内容。

①作品产生的背景。小而言之，作品产生的背景指作者创作的时间、地点、动机、心态、创作经历等；大而言之，则要包括源语的整个文化状态。

②事件发生的背景，即文学作品的故事情节发生、发展的背景，也有大小之分、真实与虚构之分。

③专业知识。翻译某个学科、某个专业的作品，就应具备该学科、该专业的基础知识，这是翻译的起码要求。

④常识。有的知识算不上是专业知识，只是源语文化中的常识，但在翻译的过程中却不可掉以轻心。

⑤作品传播知识。即原作成书后的传播情况，如版本、评注、译文及社会效益等。

掌握背景知识与超语言知识对语言、逻辑、艺术和主题分析等都具有十分重要的意义。我们知道，任何一部作品都是一定历史条件下的产物，所以译者对于有关作品反映的年代以及有关国家、人民的文化、社会、宗教、政治、历史、地理、风俗等也要略知一二，这时可以浏览一些关于国家概况、游记的书籍和期刊。

4. 了解作者的创作手法

为了准确地了解作者，至少应该阅读作者的代表作，从中体会作者的思想倾向、创作手法、表述特点等，尤其是翻译的一些经典作品，也要选读作者的其他作品，这样对作者的理解就会更深刻一些。

5. 了解作者的语言风格

了解作者的语言风格也是十分重要的，译者可以试读若干段落，琢磨语篇的修辞特点和行文的特色，初步接触作者运笔表意的特异之处，对自己翻译时会有较大的参考价值。

（二）翻译计划的制定

制定翻译计划有助于有秩序地安排翻译实践的进度，保障翻译任务的顺利进行。首先，在确定翻译文本之后进行试译，并将该过程中遇到的翻译重点、难点及问题进行总结，确定翻译的主题。在经过相关人员的审核，并根据相关意见进行修改后，完成开题报告的撰写。继续熟悉原文本，在对文本有了进一步的理解后查阅相关资料，充实相关背景知识，规范术语表达，为下一阶段做好准备。其次，对所选取文本进行初译，每日制定翻译计划，在规定时间内完成计划的翻译量。在初译的过程中，为了更好地提升翻译质量，译者可以准备有关领域的书籍以及平行文本，有助于提升在相关领域的知识储备。最后，对译文中存在的问题与错误进行标记并修改，将在翻译过程中遇到的重要问题进行分类，构建翻译的框架。在此之后对译稿进行进一步的修饰及润色，并开始着手于框架的撰写。

（三）翻译工具的准备

"工欲善其事，必先利其器。"在翻译工作开始之前，必须先做好充分且详细的译前准备。对于译者来说，准备好翻译工具就是不可或缺的。翻译工具能够帮助译者解决很多翻译过程中的困难。

对于专业类的翻译，要准备行业领域内相关的书籍作为平行文本，补充相关方面的知识理论。查阅相关专业方面的书籍和网站，对要翻译的文章有更好的了解。

在翻译工具方面，可以查阅多本权威词典，如陆谷孙主编的《英汉大词典》、外语教学与研究出版社出版的《朗文当代高级词典》《牛津高阶英汉双解词典》（第八版）、《柯林斯英汉双解学习词典》（第八版）等；还可以查询朗文词典、有道词典以及海词词典等电子词典来辅助翻译。同时，也可以查阅一部分语法书籍，以此来解决在翻译过程中遇到的复杂句法。

译者还可以浏览百度百科、维基百科、中国知网等相关网站，对专业术语和相关知识进行专门学习，以提高译文的准确度。借助网络资源解决问题，为翻译实践提供帮助。

译者还可以查阅相关翻译理论书籍，主要有芒迪的《翻译学导论：理论与实践》、李长栓的《非文学翻译理论与实践》、叶子南的《高级英汉翻译理论与实践》、刘宓庆的《新编当代翻译理论》等。通过阅读这些翻译理论书籍，译者更深刻、更透彻地理解翻译理论和技巧，这些都会对接下来的翻译起到很好的指导作用。

（四）翻译理论的准备

理论是指导实践的基础，翻译活动也要在理论指导下进行。根据文本特点和翻译的要求，译者要选用适当的翻译理论作为翻译活动的指导理论。

例如，选取目的论理论。这种理论源于希腊的"Skopos"一词，意为"目的""意图"。该翻译理论是由德国翻译理论家汉斯·弗米尔于1978年首次提出的。目的论的核心概念是：无论是何种翻译，其最高规则都是"目的准则"。在翻译过程中，应遵循三大法则，即目的原则、连贯原则和忠实原则。其中，目的原则是首要原则，即翻译行为由翻译目的所决定。翻译行为的目的包含了三个层次：译者的目的、译文的交际目的以及使用特殊翻译手段所要达到的目的。一般来讲，翻译行为所需要达到的目的决定着整个翻译的过程，其中包括翻译方法和翻译策略的选择。目的原则的核心是译文的交际目的，即译文在译入语社会文化语境中对译入语读者产生的交际功能。连贯性原则是指译文必须符合语内连贯的标准，也就是说译文要具有可读性和可接受性，能够使译文读者理解，并且在译入语文化和使用译文的交际语境中有意义。忠实性原则又称"语际连贯"，是指译文应该忠实于原文，译文文本与原文文本应该保持一致，但忠实的程度和形式则取决于译文的目的和译者对原文的理解。总之，目的原则、连贯性原则、忠实性原则这三大原则是翻译目的论的基本原则，其中目的原则是目的论的首要原则和核心，连贯原则和忠实原则都要服从于目的原则。

又如选用语用学理论作为翻译理论，为了使译文更加符合特定语言环境下的交际作用，更符合译入语读者的阅读习惯，译者要在翻译前对所涉猎领域的专业知识进行学习，同时通过阅读语用学以及语言学的相关理论知识以提升译者的知识储备，为控制翻译文本质量做准备。首先，译者针对所翻译的文本，在进行翻译之前，对文本的相关特点以及翻译技巧及策略要有宏观的了解。同时，对相关理论书籍进行学习，以保证在翻译的整个过程中严格遵循翻译标准及原则。其次，在翻译的过程中进行语言的转换，某些词语在特定语言环境下若遵循原文形式进行翻译，会出现词语表面的指称含义与其深层次的言内意义不一致的问题。作为两种语言沟通的媒介，在翻译时要译出原文作者的意图，使目的语读者易于理解与接受。语用学正是研究交际者在特定交际情境中传达和理解的意义以及理解和传达的过程，因此在翻译过程中要引入语用学的概念。根据原文的具体语境、交际者、社会文化因素等分析词语所蕴含的特殊含义以及所蕴含的意图，从而达到语用意义上的等值。在翻译的过程中应抛开原文形式的干扰与束缚，追求深层次的对等，把握翻译语言之间的差异与统一，使跨文化、跨语言的交际获得成功。译者不仅要考虑文本发送者的意图，同时也应考虑译文是否能够实现其交际意义，译文的接受者是否能够获得与原文读者相同的理解。在翻译时通过适当调整句法及词汇，紧扣信息主旨，不受话语表面意思的束缚和局限，最大限度地实现文本的交际意义，传递原文信息。

（五）翻译策略的选择

各种专业性的翻译在我国已经有一定的研究。就翻译应该遵循的原则而言，有学者认为翻译应该以读者为目的，译者应该考虑读者的心理需要、阅读习惯、思维方式、接受能力等。也有学者认为译者应该尽可能地尊重原文本，并且调整译文以符合目的语的表达习惯及读者的阅读习惯。另外，一些无关或意义不大的细节可以省去，以突出翻译文本的重点，使译文更加简练。也有学者认为翻译应遵循的原则是"快、准、省"。

翻译策略方面，林小芹认为翻译策略的选择不应该是非此即彼，翻译中不可能使用一种方法。胡卫平、章磊指出翻译过程中译者应该尊重原作者的观点及原作的风格及文化，以异化为主。钱叶萍、王银泉对比了归化和异化策略，认为在翻译时不应该只采取其中一种策略。很多译者提出了直译、意译、增译、省译、词类转换等翻译方法。廖志勤指出翻译标题时可以采取增译、省译、直译，使标题更加精炼，具有内涵，吸引读者注意。

翻译策略和翻译方法的选择是由翻译目的所决定的，翻译策略和翻译方法是实现翻译目标的具体手段。因此，译者可以首先选定翻译目的论为理论基础，然后在此基础上采取相关翻译策略和翻译方法，如意译、直译、增译、省译、调整语序法、拆分法、合并法等，以求使译入语的语言真实、准确，减少译入语读者阅读过程中的障碍和理解偏差。

二、翻译过程

在制定好完善的翻译计划后，根据进度安排，开始着手于具体的翻译工作。

第一阶段，对文本进行初译。首先熟悉原文本中的内容，把握文本风格，归纳文本类型的典型特征。在进行初译时，将忠实原文放在首位，所用的翻译方法大部分为直译，在翻译过程中严格按照翻译计划保证翻译进度，之后将晦涩难懂、不通顺的地方进行标注，并进行整理和汇总，这样有助于提高翻译效率，也能更有针对性地发现翻译中所遇到的重难点问题。

第二阶段，对译文进行修改。在将初稿以及原文进行对照之后，进行进一步的翻译。在此过程中，可以发现译文中存在多处语句不通顺以及翻译腔的问题。例如，对于经济文本的翻译，虽然经济文本属于非文学类文本，此类文本大多只需要直译，但由于源语和目的语两种语言存在各方面的差异，因此在翻译时需要结合具体语境进行分析，只有两种语言的读者都能对文本有同等程度的理解，"译文措辞通顺自然，内容传神达意，读者反应相似"，才是达到了翻译的标准。在此阶段，对存在问题的译文以及复杂的句式结构进行分析和查找，通过翻译工具的辅助对译文进行校对和检查。

第三阶段，对译文进行润色。仔细推敲句子结构，规范语言，使译文具有更高的可读性。由于源语文本为经济文本，专业性较强，通过借助网络资源及相关书籍，结合相关背景对译文进行进一步的打磨及修改。在此阶段整合翻译中的重难点，通过寻求各种帮助找出解决方法，为翻译打下基础。

翻译活动是一项复杂的思维活动，翻译的过程是正确理解原文和创造性地利用另一种语言再现原文的过程，大体上可以分为阅读、理解、表达三个阶段。

（一）阅读

阅读是从文字中获得知识的一种方法，但获得了知识并不等于我们理解了知识，因此要留意区分阅读与理解。例如在英语测验中，有一种题目"阅读理解"，而非"阅读"。我们要知道，在翻译之前，译者的阅读与一般的阅读是不同的。我们在获得被译文献时，应先把被译的文献全部读完，然后再加以分析，理解其内容和本质。只有对所翻译的文献内容有深刻的认识，才能准确地掌握宏观语境，在较大的语境背景下准确地理解每一句话的含义。

（二）理解

在翻译过程中，理解与阅读是不同的。读者在阅读时，会受到自己能力的限制，对原文的理解力会有所偏差，但这并不重要，因为这是我们自己的事，不会影响到别人。然而，译者却要对原作的思想进行深入的了解，如果对原作的理解有一点点的偏离，那么，就会造成实际翻译工作的失误，甚至是错误的翻译，所以，了解原文很重要。如果译者不能深入地了解或者理解原文，那么就没有了翻译的资格。

1. 准确透彻地理解

理解是翻译活动的根本，如果没有准确透彻地了解原文，就无法达到翻译的目的。每一篇文章都有一个概括性的主题，因此，要理解原文，首先要阅读全文，了解全文的主旨和语篇结构，不要一看就一句一句地翻译。在掌握了文章的基本知识后，重点是对那些难度较大的句子和段落进行分析，这需要译者认真分析词义、分析语法、明晰各个部分的联系。正确的认识不能只停留在表象上，而是要从表象中把握事物的实质。一门语言为了传达某种想法，总是要使用一些词语、采取一些表现方式来传达某种想法。理解不能只从字面上来，有时候，表面上看起来一样，其实意义不同。如果译者不能理解其中的意思，不能理解原文中所暗含的意思，不能理解原文作者所要表达的弦外之音，那么译文读者就更无法准确地懂得译作的真正意思了。

2. 依靠上下文进行理解

认真阅读上下文，才能在一定的语言环境中理解得深刻透彻。从语言学的观点看，孤立的一个单词、短语或句子看不出它是什么意思，我们必须把它放在具体的语言环境中，有一定的上下文才能确定它的正确意义。理解主要通过对原文的上下文来进行，译者必须从上下文的关系中来探求正确的译法，所谓原文中的上下文可以是指一个句子、一个段落，也可以是指一节、一章乃至全文或全书。对原文做透彻的理解是确切翻译的基础和关键。为了透彻理解原文，必须理解所译原文的语言现象（词汇的含义、句法结构和惯用法），理解原文与上下文的逻辑关系以及理解原文所涉及的事物及其背景。

3. 依靠广博的知识加深理解

人类的所有行为都会受到历史环境的影响和限制，因此，人们不会用一种空洞的思维方式来理解任何事情，而应该通过自己的思维和知识来主动地参与。所以，翻译工作者要全面地了解原文，就必须掌握大量的知识，也就是所谓的"杂学"。从天文地理到各个国家的风俗习惯，译者都要看一遍。

（三）表达

在对原文进行阅读和理解之后，接下来要做的就是表达。在此我们要澄清一个事实，理解正确并不代表能够正确地表达出来，正确地理解原文是先决条件，但是翻译的好坏取决于翻译的表达方式。所谓"表达"，就是指翻译人员在翻译过程中，将其从原文本中了解到的东西用其他语言加以再现。

翻译中表达形式的优劣与译者对原文的理解的广度和深度有关，也与译者的文化修养有关。理解是先决条件，表达是关键，而表达则是理解的成果。在语言表达上应遵循三个基本原则：①要保留原意；②要保留原文的文体特征；③要与译文的习惯相适应。这三方面工作的好坏将直接影响到翻译的质量。所以，在整个翻译过程中，表达是非常重要的。

三、译后事项

译后工作主要是校对译文，包括自我校对、同伴校对等，以实现对译文的优化调整。自我审校一直贯穿于整个翻译的过程中，首先是基础修正，包括对标点符号、错别字等极易被忽视的错误的修正；其次是对用词和长难句翻译顺序进行润色和调整，避免"翻译腔"的出现；最后是从语篇整体进行把握，时刻注意语体特征。由于自我校对难免会疏忽，存在一定的主观性和局限性，所以在全文翻译之后要请同伴进行校对。同伴从目的语接受者的角度对译文进行校对，对行文过程中不适当的地方做标记，并提出翻译意见。译者自己据此进一步修正优化译文。

第四节　翻译的价值与目的

一、翻译的价值

（一）翻译的社会价值

翻译的社会价值是伴随着时代的变迁与发展而存在的。翻译的社会价值主要表现在其对社会交流和发展的促进上，而其社会价值又依赖于其社会性质。另外，翻译对国家精神、国人思维的深刻影响也是其社会价值所在。翻译可以促进民族精神的形成，也是对语言进行的再次创造，可以改变人们的思维模式。

（二）翻译的美学价值

翻译实践中的任何一部佳品都体现着译者对美的追求和美的价值呈现。
①翻译家许渊冲认为：求真是低要求，求美才是高要求。
②对于严复的"信""达""雅"中的"雅"字，现代翻译学家赋予其新的含义就是要求译文应该具有美学价值。

就翻译本身而言，它不仅是单纯地对语言进行转换的过程，也是移植到译文中的一种审美和创造美的过程。翻译的美学价值体现了人们对美的追求。

（三）翻译的文化价值

当前，人们对翻译的认识和理解正在逐步加深和提升，因此，翻译的文化价值也受到了人们的关注。翻译是由于人们之间沟通与交流的需求而产生的。一个国家或个人的语言文化价值观念也会影响到他们对待其他语言文化的态度，译者要意识到翻译的文化价值。

（四）翻译的创造价值

翻译的创造价值具体可以体现在以下三个层面。

①从社会层面而言，翻译作为一种以交流为基础的社会活动，同时也为译者创造力的发挥奠定了基础。

②从语言层面而言，为了真正导入新的事物、观念和思路，文学语言艺术的翻译就是在源语的基础上对语言符号进行转换并创造的过程。

③从文化层面而言，翻译中导入的任何异质因素都具有创新性，蕴藏着一种求新求异的敢于打破自我封闭局限的创新精神。

（五）翻译的历史价值

从人类的历史长河中可以看出，任何一次重大的进步和发展都离不开翻译。但是，作为人类进行跨文化交流的一种行为，翻译本身就具有一定的历史局限性。

翻译的历史价值包括两个层面：①从人类的翻译实践出发，审视人类的历史发展过程；②从历史发展的视角审视翻译活动的内涵和扩展的可能性。

在翻译实践中，译者必须对其历史局限性有一个清晰的认识，并从辩证的角度去认识其局限性。

二、翻译的目的——实现文化的交流

翻译可以有科学的、宗教的、政治的和文化的等翻译目的。各民族语言在不同历史阶段的发展是不均衡的，因此，出现了"发达"与"落后"之别，而各民族的文化也因种种原因产生了天壤之别。任何一种文化都有其优秀文化，这些文化传承下来为世界文明发展做出了贡献。翻译工作的目的之一就是促使这些语言文化进行交流和融合，促进人类社会文明的发展和进步。

翻译促进了不同的文化的交流，也促进了人类的文明进步。所以，现在光谈文化交流是远远不够的,应该把文化融合起来。我们经常说,经济是基础,而文化属于上层建筑。任何严肃认真的翻译活动,在客观上都是一种文化交流,而这种交流必然会导致不同的文化交融。

随着世界越来越小,人们广泛交流的可能性越来越大,翻译需要越来越多,翻译人员的数量越来越多,对翻译的质量要求也越来越高。谈到翻译的品质,也就是所谓的"标准",中国的译者通常会想到"信、达、雅"和"等值"。

语言是人类交流的一种手段,但语言的差异很明显地给人类的交流带来了难度。人们已经认识到,各个种族之间的语言差异阻碍了人类社会的发展,因此人们花费大量的时间来学习其他国家的语言。即便这样,由于语言上的缺陷,很多珍贵的资产并未得到充分的利用。如果人们将学习其他国家的语言的时间用在其知识上,那么,人类的精神财富就会得到充分的利用,人类的文明就会得到更大的发展。

第二章 英语翻译相关理论

现代英语翻译离不开英语翻译相关理论的指导，只有在研究和学习翻译相关理论的基础上才能实现英语翻译实践，了解英语语言学习的认知心理过程，探索英语翻译的规律。本章分为心理语言学理论、语用学翻译理论、对比语言学理论、模糊语言学理论四个部分。

第一节 心理语言学理论

一、心理语言学概述

心理语言学是心理学的分支学科，主要探究人类如何获取、理解并生成语言。它是从心理发展的过程以及心理生成机制的角度来研究人类语言的特点。心理语言学主要围绕两个方向进行研究，包括行为主义的研究方向和认知心理学的研究方向。在20世纪50年代，心理语言学主要是受到行为主义心理学和描写主义语言学两个理论的影响。随着乔姆斯基的转换生成语法的盛行，以米勒为代表的心理学家将转换生成语法的理论融入心理语言的研究中。之后受到实验心理学的影响，人们逐渐从乔姆斯基的转换生成语法过渡到用实验探索贴近现实的心理语言，并通过这些实验从不同方面对学习者的交际行为进行深入研究。

（一）心理语言学的产生

心理语言学的萌芽时期是在19世纪末到20世纪初之间。德国心理学家威廉·冯特创建了世界上第一个心理学实验室，研究心理现象及其产生的因素。这一时期德国生物学家埃德尔曼记载了儿童语言发展的过程，学者们开始研究儿童语言习得和儿童心理现象，其中，美国人类学家法兰兹·鲍亚士研究心理学和语言学的融合。20世纪30年代末40年代初出现了"心理的语言学""心理语言学""语言心理学"等术语,这些都为心理语言学的产生奠定了基础。20世纪50年代以后,"心理语言学"逐步被广泛采纳。这一切都为20世纪的心理语言学或语言心理学的学科建设打下了坚实的理论基础。虽然这一阶段的心理学家致力于揭示人类的心理特征,但很多语言学家也将注意力集中在语言的本质上,把语言学和心理学结合起来是时代的客观需要。1953年在美国印第安纳大学召开了"心理语言学研讨会",此次会议正式采纳了"心理语言学"这个术语,从此一门独立的分支学科便诞生了。

(二)心理语言学的发展

心理语言学的发展大致经历了三个阶段:早期研究时期、重大突破时期和跨学科发展时期。第一个阶段的研究内容是儿童语言习得和儿童心理,库斯谟开创了新的研究——新生儿心理生活的研究和实验。这一阶段的《心理语言学:理论和研究问题的概观》成为心理语言学的宪章。第二个阶段心理语言学研究获得了重大突破,乔姆斯基提出了转换生成论,他认为语言理论应当阐释人类语言中所蕴含的知识,并着重于对其进行创造性的探讨。他还提出了"语言习得机制",这是儿童大脑中天生的。第三个阶段是心理语言学的跨学科发展,它的研究重心由表面结构、言语行为向底层结构和认知结构转变,同时也受到了认知心理学尤其是人工智能的影响。在语言理解和知识表征方面,人工智能对心理语言学产生了重大的影响,人们对句法结构也重新产生了研究兴趣。

二、心理语言学理论下的翻译

(一)语言记忆与翻译心理

翻译通过对人类大脑的思考过程和规律的探索,为构建相应的认知心理模型提供了理论依据。过去,基于语言学理论的模型难以准确地描述翻译的性质,也很少涉及翻译的思维过程,因此与单语的理解和接受没有太大的不同。

1.人类信息处理模式

人类信息处理模式至少应当包括以下特点:①感官接收到并传递给大脑的感觉刺激是无序的,而不是有组织的。②处理系统能够把输入的连续刺激转化为无联系的信息单位。③即使是降级的或歧义的刺激也能进行处理。④本身不具有意义的信号一旦被接收到就能转化为有意义的信息。⑤能够很容易、很精确地对大量信息进行处理、贮存、获取、再使用。

信息处理过程有三个明显的阶段,每个阶段都与某一存储系统相联系。但是真实的信息处理过程并非一个单向的自下而上的过程,而翻译过程模式就是这一处理模式的例子。

2. 知识的存储和获取

知识包括事实知识和程序知识。事实知识是指我们所知道的事物,是能够通过感官接受的知识。程序知识是指知道如何做某事,是在我们的意识之外的。翻译似乎主要需要的是程序知识。我们可以通过模式把译者个人的、私有的程序知识转化为普遍的、公开的程序知识,即把这种内在系统进行外化处理。

另外知识的类型化也非常重要。如果没有知识类型化的能力,我们就不能对实体进行辨识,也不能与他人交流,因为双方缺乏共同基础来交流各自的经验。这种类型化的知识又可分为两种:一是典型,即从经验中得来的关于某个实体的一系列特征;二是原型,即储存在记忆中的理想类型。

3. 记忆

记忆的结构和功能可分为两大类,即情节记忆和概念记忆。情节记忆是对自身经验的记录,因此是具体的,与环境相联系的。概念记忆也称为语义记忆或指称记忆,反映的是知识组织形式,即事件和情境的结构。

不管信息是以情节记忆还是概念记忆储存在记忆中,必须得有某种途径来提取信息。输入的信息通过编码,被置于数据库中恰当的位置,并把新信息与旧信息结合起来,形成概念单位的一部分。然而,提取信息的过程并不是把这个过程颠倒过来就行了。我们可以借助数据库本身和提取系统来提取相关信息。

4. 文本转换

考虑到翻译活动和翻译过程的多样性,还需要译者具备以下文本转换能力,比如书面→书面(最为常见)、书面→口头(如视译)、口头→书面(如连续口译前的记录)、口头→口头(如同声传译)等。翻译过程中会同时进行读写或听说活动,文本转换的翻译活动受到以下三方面的限制:①任务,即译者所要做的工作和所要完成该工作的背景。②文本,即原文的语言和语篇结构。③译者,即译者的语言知识和技能。这些限制构成对翻译过程产生作用的输入环境,而由于每个行为者认知资源的差异,这种输入环境的影响也不尽相同。比如,"任务"的完成是有严格时限的,但是,口译与笔译的时限是有区别的。笔译的时限相对宽松,译者有足够的时间来分析原文,甚至可以在谈判中延长时限,而口译人员必须对每个句子都做出回应。原则上,笔译工作者在做出最优的选择之前,可以充分斟酌并权衡利弊，然而，口译工作者别无选择。文本的词汇与风格对于译者的限制则更进一步。如果说单语交际中的听与读是为了理解，双语交际中译者的听与读则是为了翻译，虽然二者都以获得信息为主，但对于前者，获取信息为第一要义，对于后者，则要分析出信息中影响翻译活动的因素，并将其如实呈现在译文之中。单语交际者主要关注某个词语，当然双语交际者也可如此，不过他更关心这种表达法在翻译时是否棘手，是否能够处理得好。

　　单语信息接收者与双语信息接收者的角色亦不相同。前者以信息发出者为取向，关注发话人的信息，以便做出某种回应；而后者以信息接收者为取向，其关注发话人信息的目的是将信息传播给译文的接收者，而不是由自己来做出回应。译者们认为自己在理解原文时需尽可能自我克制，才能最大限度地满足和尊重译文读者的期望。在单语口头交际中，应答语与发话语相同，且通常风格也相似，但语义内容不同，句子结构与语用意图也不同。而翻译恰好相反：首先，翻译使用的是与发话语不同的译文语言；其次，保留了与原文相同的语义内容，尽管信息内容在转换时不可避免地有所调整改变，翻译过程模式不仅必须体现普通交际的所有特点，而且还需包含翻译活动独具的特征成分，特别是翻译问题的识别与解决问题的策略。翻译过程不是直线型或圆周式地从源语文本到译语文本，而是经历不断修正、循环往复的一系列阶段。

（二）语言感知与翻译心理

　　语言的感知虽然也包括书面语言的辨认，但是其主要的研究都集中在语言听辨的研究上，语言感知是语言加工初期最重要的一个过程，因为若要理解所接受的语言输入，首先要将输入的声学或者视觉信号转换成为语言符号。日常交流中的语言因人而异，因语境、情境而异，此外还受外部噪声的干扰，但是人们却能够将所接收的声学信号与语言符号匹配起来，为正确理解语言奠定基础。

1. 感觉记忆与翻译心理

　　感觉记忆又称感觉记录器或感觉储存器。一般认为感觉记忆由两种记忆组成：一种是图像或视觉记忆，另一种是声音记忆。当外部刺激直接作用于人类感觉器官并产生感觉像后，即使不再有刺激，感觉像仍可以以各种声音、图像、文字等原始的、未经加工的形式在人的记忆里保持极短的时间。感觉记忆是信息加工的第一个阶段，对译者的短时记忆加工质量与数量、源语理解等都会产生重要的影响。无论是从与笔译密切相关的视觉记忆来看，还是从与口译密切相关的听觉记忆来看，感觉记忆对双语翻译都极其重要。

2. 知觉和翻译心理

知觉一直是心理学研究的一个重要领域，认知心理学的兴起使人们对知觉的实质和过程的认识发生了变化。认知理论对知觉的一个基本假设是，知觉是一个包含复杂过程的心理操作。

知觉对翻译过程的启示主要表现在：第一，尽管环境刺激是翻译过程的前提条件，但是离开人脑的内部加工过程，环境刺激将会推动被感知的可能，而仅仅保留原有的物理特征；第二，环境刺激与内部加工不是各自孤立进行的，其间应存在一种互为条件、相互作用的互动关系；第三，直接知觉论强调输入信息加工的自下而上的驱动方式，而间接知觉论则强调信息加工的自下而上和自上而下兼而有之；第四，间接知觉理论认为，知觉有记忆和内部表征的参与。

（三）语言理解与翻译心理

语言理解分为语言识别、句子理解和语篇理解三个层面。

1. 语言识别

语言的识别是语言理解的初级水平，它指言语交际者通过知觉加工，对以听觉或视觉呈现的语言刺激进行初步编码的过程。语言识别可反映语言交际者的感觉、知觉加工的能力或水平，它是实现语言理解的必经阶段，并为语言理解提供了必备的基础。

2. 句子理解

首先是句法分析，这是一个将表层结构的句子成分赋予语言范畴的过程。由于处理资源上的限制，我们不能等听完句子才开始句法分析。句法分析有两大对立的理论：模块论和互动论。模块论认为，我们听到的每一个词首先激活句法处理方面的策略，这些策略使得我们更容易将听到或看到的词附在最近的句子成分上，而不是前面的某个句子成分上，或重新构建一个成分。互动论是强调我们同时使用所有可能的知识来理解句子，包括词汇知识、语篇上下文的因素、上下文中的句子理解。我们使用句子中的上下文和非言语的语境，并参照各种语言使用的规约来理解句子。我们使用隐喻来传递难以表达的意念和感受，使用间接言语行为来表示有礼貌的请求。我们首先考虑并拒绝句子的字面意义，然后使用一些交际规约来建立说话人打算要表示的意义。

3. 语篇理解

衔接与连贯是语篇特征的重要内容。任何语篇都存在多层次的语义联系。语义连贯的语篇有时是无形的衔接，有时是有形衔接。这些隐形和显形的衔接形式增强了语篇语义的连贯性。理解语篇首先要理解语篇中句子之间的联系。句子有新信息，也有已知信息，所以要先确认句子中的新信息和已知信息，然后将新信息放在前置信息所确定的记忆位置上。如果找不到前置信息，那么我们在理解中不得不进行一些连接性的推理，如果前置信息太远，我们也就不得不重新再引入前置信息。

（四）语言产生与翻译心理

1. 理论基础

在心理学家看来，语言生成就是人们利用语言表达其思想的心理活动或认知过程。在双向的言语交际活动中，语言生成与语言理解密不可分、相互影响，进而构成"理解－生成－再理解－再生成"的不断交替、循环往复的心理过程。语言生成一般包括口头语言的生成和书面语言的生成，它们都是从意义到发出声音或写出文字、从内部表征转化为外部语言的过程。

语言的生成和语言的理解反映了人的语言心理活动的两个不同方面。语言生成表现的是说话人或作者把意义转变成声音或文字的心理过程，它包括造词、组织句法或语义等，人们经历的是思想深层向语言文字表层的转换。

2. 语言产生的心理模式

对于翻译语言生成，人们提出了"心理词典"的重要概念，它是指保存在人脑中的一部储存了大量词条、语法、语音及词义的"词典"。

"心理词典"的词语储存按照一定的规律记忆或提取，如按照使用频率排列检索。由于语言分为音位、语素、词、短语、句子五个层次，语言在头脑中存储的方式也有不同的层次，既可以语音、词语的形态表征，也可以句子、课文的形态表征。

"心理词典"储存的言语的语音属于声音表征，而文字符号属于影像表征。关于语言在大脑以何种方式表征，有的学者认为是以概念及命题的方式表征，有的学者认为是以表象或声音的方式表征，有的学者认为两种方式都存在。有学者猜测，双语人的两种语言功能代表区分别位于人脑两侧半球，然而这种假定被裂脑人语言功能区并不是分别位于不同的半球的事实推翻。也有研究者认为，两种语言的词汇均储存在独立的词汇系统中，但概念储存在两种语言共同的表达系统中。或许这是从出生就生活在理想的双语环境中的人的情况，但这种双语均衡发展的人很少见。

普通儿童通常生活在单一语言的环境，他们的语言认知过程是先有词汇，后建立概念。大多数人在第一语言习得后，就在头脑左半球形成了建立在第一语言基础上的词汇和概念的关系。他们在人生的某个阶段开始学习第二语言，对第二语言词汇的学习采取有别于第一语言的记忆策略。西尔弗伯格等人的实验证实，以希伯来语为母语的儿童，对希伯来语的刺激词表现为左脑优势，当他们学习英语进入第二年时，对英语的刺激词却表现为右脑优势，学习英语第四年时，这种右脑优势下降，到第六年完全转化为左脑优势。这表明，普通儿童对第二语言的学习开始时是作为非语言材料储存在大脑右半球的，随着熟练程度增加最后与左脑的语言词库实现统一。

第二节　语用学翻译理论

一、语用学概述

（一）语用学的含义

语用学作为语言学研究的一个分支领域，是一门发展历史并不长的应用学科。语用学的研究最初仅限于哲学领域，由美国哲学家莫里斯于1937年提出。之后，以格赖斯为代表的语言学家用言语行为和会话含义理论奠定了语用学的理论基础。此后，《语用学杂志》的正式出版标志着语用学成为一门独立的新兴学科，受到了众多语言学家的关注与研究。

关于语用学的定义众说纷纭，但根据各分支语用学的研究内容来看，都强调在具体语境中的言语运用，这是大同小异的。

列文森认为语用学研究的是语境对于语言在语法结构和编码过程的组织作用。这个定义强调语用学就是利用语境去进行话语理解的一个过程，这个过程是围绕着语法和言语编码的传递过程。

法索尔德和斯托纳克也强调语境的重要性，他们认为语用学是研究如何利用语境来推断言语意义以及对语境下的语言行为的研究。

语境的重要性之于语用学是毋庸置疑的，我国的语言学者对语用学的定义也同样是仁者见仁，智者见智。何兆熊教授提出，"语用学的基本概念有两个重点要把握——意义和语境"。何自然教授在《新编语言学概论》一书中也提出，"语用学研究如何用特定的话语去表达特定情境下的对话主题，让人们能深入话题理解话语的深层含义"。

以上所列举的关于语用学的定义仅仅是冰山一角，但研究具体语境下的话语生成和话语理解是具有共通性的。语言是一种音义结合的符号系统，语用学就是对语言这个符号系统进行重组改造的使用说明书。

（二）语用学的研究范围

语用学是内涵丰富、外延宽广的一门学科，其研究涉及了社会、文化、心理等多个领域。从语用学的定义来看，它所研究的不是交际行为本身，也不是语言符号的象征意义，而是在交际过程中的语言文字运用问题。

语用学发展至今，已延伸出许多分支，拓宽了语用学的研究领域，其中的交际语用学与教学语用学以其高度的实用价值在语用学的发展过程中熠熠生辉。

1. 交际语用学

交际语用学研究交际过程中的语言文字应用问题。学习交际语用学的目的是使人们在交际过程中语言表达得完善，能使表达效果由实用转化为艺术，更得体、恰当地让说话人与听话人在表达能力与理解能力上达到完美的统一。交际语用学提取了语用学的知识来扩展交际的教学研究，是一门集实用性、知识性于一体的学习理论。它的研究一方面涉及制约语言使用的前提条件，另一方面也确定了语言使用的具体规则和研究对象。从交际语用学的研究对象可以大致了解交际语用学所研究的范围。

一是研究交际中的语言表达材料。在交际过程中，语言组织是否流畅、是否具有逻辑性或艺术性，就在于语言体系的构建是否合乎规律。语言由语音、词汇和语法三要素构成。其中语言表达材料就是指交际过程中所要运用的词汇。词汇是构成语言表达的建筑材料。要想使语言达到交际的目的，就要了解并且掌握交际的材料。这些材料是经过长时间的积累而成的，只有掌握了丰富的语言材料，才能更好地运用语言去构建交际语言体系，使每一个语言材料都运用得恰如其分。

二是研究交际中的语言表达形式。形式一词既可以指交际对象的本体特征，又可以指交际的方法。交际语用学用形式化的手段研究语言表达中关于交际语用的现象，其形式就是以对话展开的语言活动。对话语言是基于两者或两者以上的言语交谈，从对话中研究语言运用的规律。在面对面的交谈中，对话语言要尽可能的完整、富有艺术性。在组织语言材料上不仅要做到悦耳动听，还要做到语言运用得自如流畅，体现出对话的情感真挚、语用的得体大方。就正如在课堂教学中师生之间的对话交流，如果没有充沛的情感交流，就如同机器人的对话永远都是冷冰冰的，这样的对话就缺乏了真正的语用价值。

三是研究交际中的语言表达环境。语言学家列文森说："语用学研究语言使用者在具体语境中合理运用语言的能力。"交际语用学研究交际中的语言表达环境就是为了在交际教学中把握语言环境、利用语言环境、营造语言环境，使交际更加和谐顺畅，有助于改变交际无话可说的局面。

四是研究交际中的语用策略。语用行为的发生是由听说双方共同执行的，语用者的心态、语用艺术的熟练程度、语用行为的实施策略等因素都会直接影响交际语用的效果和质量。因此，为了提高人们的交际水平，就要研究交际过程中语用者的语用策略，从而让交际教学行之有效。

2. 教学语用学

作为一门崭新的学科，教学语用学的兴起意味着把语用学首次与语言教学联系在一起，这是具有实践意义的积极探索。李三福在《教学语用学原理》一书中把教学语用学定义为："教学语用学是把语用学的理论知识运用于教学实践的一门学科，它提供了更贴切于教学实践的理论和方法。"教学语用学适用于交际课堂教学是毋庸置疑的。

其一，教学语用学关注教学语言的得体使用。教师教学语言的得体性决定了师生之间能否进行平等、公正、公开的对话与交流。得体恰当的教学语言就是一门说话艺术，能有效地营造课堂氛围，提高教学效率。所以，在教师教学过程中要想让教学语言得体大方，就要做到：①教师教学语言的使用必须准确，既要符合语法规范，又要贴合具体语境，不能说"空话"，要说"实话"。比如教师在进行教学评价时，对待优秀生和后进生的表扬和批评方式上就要有所区别。在进行表扬时，要避免优秀生骄傲自满、扬扬得意的情绪的滋生。在进行批评时，还要注意后进生失落自卑、自暴自弃的心态的蔓延，多以鼓励为主。②教师的教学语言要真情实意，做到晓之以理、动之以情，使学生能感同身受，这样就能达到以情感人、以诚服人，增强教师在学生心目中的地位。相反，如果教师只会夸大其词、对学生虚情假意，对教学敷衍塞责，就会严重影响学生对教师的信任度。③教学话语要遵循一定的语用原则。有了语用原则的指导，教师话语的使用会更加得体，教师话语的信度与效度也会增加。

其二，教学语用学关注教学的对话理解。语言的传递就是为了进行信息交流，而理解就是语言传递成功的标准。教学语用学在某种程度上就是指在教学过程中教师和学生在沟通与交流上既能做到话语理解又能做到人际理解。就前者来说，教学语用学从说话人（教师或学生）和听话人（学生或教师）双重角色出发，研究特定语境下对教学话语的理解，强调了语境对话语理解的重要性。话语的内容决定了理解的程度，语境的辅助作用也能加深理解的效果。比如教师在说教学案例时，就不能偏离主题，要贴合实际，让学生深度分析、独立判断。人际关系是复杂多变的，和谐相处的前提就是要去理解对方。话语理解并不是简单地对说话内容进行理解，而是在话语中理解并形成共鸣，对精神世界的探索上升到对自我的认识、对他人的认识的一种哲学思考。在教学过程中如果能设身处地站在对方的角度思考问题，就更能实现师生之间的相互理解、自我理解和共同理解。

（三）语用学与翻译

翻译的目的在于通过翻译尽量还原原作，而译者在翻译时不仅要了解原文，还要注意其社会环境，注意其所传达的情感和意图，这与语用学的价值是一致的。

语用学是一门专门研究说话人想要传达什么信息的学科，它是一种特殊的基于上下文环境的研究。也就是说，语用研究离不开篇章，而翻译实质上就是篇章的翻译，因为篇章是语言内部环境中最大的一个层次。因此，语用学与翻译的目的是相通的，两者的目的都是把一种语言转换成另一种语言，需要树立语用学的翻译观。比如在翻译纪实类文本时，其文体倾向于写实、文学化，其目的在于使译者在阅读过程中能够得到与原文读者相同或相近的理解和感觉，能够正确地把握原文的内容和作者的情绪。

语用等效是语用翻译的核心，在两种语言语用比较中，译者要将译文作者的意图传达给目的语读者，以便于读者理解和接受。语用语言等值是指译者在翻译过程中要全面掌握语言，挖掘文本的隐性意义，将译文以自然的方式传达给目的语读者，而非局限于语言的词汇和语法，从而达到译文与原文的等效。社会语用等值需要在翻译时考虑到其所处的文化环境、社会环境、受众的认知环境，并运用适当的词语来传递语篇的大背景。

二、典型的语用翻译观

语用翻译学是语用学与翻译学交叉的产物，起源于国外，后传入我国。其中，国外的纽马克、贝尔、格特、奥希奇与国内的何自然、钱冠连、侯国金、曾文雄等学者的研究具有一定的代表性，且影响深远。以下将对国外、国内一些典型的语用翻译观进行回顾梳理。

（一）国外典型的语用翻译观

美国哲学家莫里斯研究了语言的使用与语言使用者的关系，拉开了国外语用学相关研究的帷幕。《语用学杂志》于1997年开始发行，标志着语用学的成立。语用学在其不断发展与完善的过程中，也与一些学科相互渗透，其中语用翻译学就是语用学与翻译学借鉴交流的产物，语用学为翻译研究提供了理论的支撑与引导。

纽马克按照文本功能将文本分成了"表达型""信息型""呼唤型"三类。根据文本功能的不同，他提出了"语义翻译"与"交际翻译"两种翻译手法，并且强调交际翻译时在语用上的等值。英国语言学家贝尔从认知的角度描述了两种语言间的翻译行为，指出翻译过程可分为分析和综合两个阶段，每个阶段包含了不同的操作领域，即句法、语义及语用三个方面。威尔逊的学生格特提出了关联论翻译观，并提出了相应的翻译模式。奥希奇汇编的《语用学与翻译》从多方面探讨了语用学对翻译实践的制约与影响，其涉及时间跨度大，有经典也有新作，既有翻译本体研究，也有跨学科的研究，对从事翻译研究教学的人员、高等院校师生以及其他相关学科的研究者均具有很大的借鉴和参考价值。在俄罗斯的语言翻译学派中，语用学翻译研究成为其研究的重点之一。

（二）国内典型的语用翻译观

国内语用翻译萌芽于20世纪60年代末。典型的研究成果是1969年赵元任在《哈佛亚洲研究杂志》上发表题为"Dimensions of Fidelity in Translation, with Special Reference to Chinese"的文章，后由王宗炎译为《译文忠实面面观》在《翻译通讯》上发表。赵元任在文章中探讨了语义和语境的关系，强调了语用和功能的对等。

国内语用学翻译理论研究兴起于20世纪80年代。代表性的研究成果主要有张亚非讨论等值的问题，指出双语之间的翻译要注意源语与译语的语言结构等值、语义等值和语用等值；曾宪才结合语义、语用、翻译阐释了语用学翻译观，这一观点与张亚非的语用学翻译观具有一定的相似之处。

国内语用学翻译理论研究蓬勃发展于20世纪90年代至今。其中何自然、钱冠连、侯国金、曾文雄等学者的相关研究成果具有一定的代表性。何自然提出了语用等效翻译的观点，并区分了"语言等效翻译"和"社交语用等效翻译"，并结合汉英、英汉的实例具体地提出了"语言等效翻译"的方法、"社交语用等效翻译"的方法，以及"语言等效和社交语用等效翻译"综合的翻译方法。钱冠连把语用学在翻译中的体现简括为"语用学翻译观",并通过英译版本《红楼梦》中的相关语例进行论证。侯国金指出在某一语用学理论的指导下,对语用标志、语义语用模糊等语言现象进行研究,其研究的范围更加具体,为在语用翻译理论下进行具体研究提供了一种模式,具有一定的操作性。曾文雄从多角度对国内外语用翻译研究的相关理论成果进行了介绍,具有理论的深度和广度,注重学术性、系统性、前沿性,兼顾理论建构性和批评性,具有较强的专业性和广泛的适用性。李占喜综合运用了关联理论、顺应理论、社会心理学理论来描述翻译过程的动态性,构建了"关联-顺应研究路向"的翻译过程,提出了"以译文读者为中心的认知和谐原则""译文读者认知和谐的语用翻译策略选择原则",指导译者选择合适的语用策略。

除此之外,黄国文、叶苗等学者都从不同角度、不同层次对语用翻译及相关理论进行了研究,并取得了一定的成果。如今语用翻译理论已经成为翻译理论的重要组成部分之一,越来越多的学者开始关注语用翻译理论,研究、实践、补充和完善语用学翻译及相关理论。

三、语用学视野下的翻译

(一)指示语与翻译

指示语是一种普遍的语言现象,指"在不知其使用语境时就无法确定其所指语义的指示词或指示句"。指示语这一语言现象的存在充分说明了语言与语境之间的密切关系。指示语是语用研究中的一个重要问题,它反映了语言与其所处的环境密切相关。指示语是一种特殊的交际活动,尤其是在两个人的对话环境中,为了更好地理解人们所谈论的人、事、过程和活动,必须把它们和具体的语境因素联系起来。指示词是一种语言层次和语境层次的接口,用特定的词语来表达某一特定的事物,其意义要与语境相联系。在翻译指示语时,应从语境、说话者、受话者等几个角度,推测出所指的对象,并由此判断出所指的对象,并在此基础上,考虑到文化与社会的适应性。

(二)语用预设与翻译

语用学视角下的语用预设是指两个具有不同意义的命题间的一种关系。语用预设在翻译中起着举足轻重的作用。首先,翻译的成功与否和翻译的含义有着密切的联系。从系统功能语言学的语境、语义、词汇语法三个方面来看,译者要从词汇的语法中获得语义,从语境中获得语义,然后从语境中选择词汇。在翻译过程中，译者利用关联思维获得语篇的关联，从而构建语篇的一致性，从而找到翻译的最佳文本。语用预设是指在言语交际过程中，使用者对上下语境的感知，这是与说话人的信仰、态度和意图有关的前提。将语用预设与上下文分析相结合，有助于读者准确理解原文的意思，避免在翻译过程中出现差错。

（三）会话含义理论与翻译

我们所说的话和我们说话的用意之间常有一定的距离，这种话语的用意就是"会话含义"。会话含义关注说话人说话的用意，是语用学的核心内容，在言语交际中起着十分重要的作用。听话人要懂得说话人的言下之意、弦外之音，要明白说话人到底是直言不讳，还是指桑骂槐或声东击西，这些都离不开语用学的指导，因为语用学正是研究特定语境中的话语意义的，它为言语交际中话语意义的恰当表达和准确的理解提供了理论、方法和一套应该遵从的原则和准则。

语言学家格赖斯提出了著名的会话含义理论，认为言语交际双方在使用语言时要遵守使用原则的四准则：量的准则、质的准则、关联准则及方式准则。每一个准则下又包含了一些次准则，主要概括如下。

量的准则指所提供的信息应是交际所需的，且不多不少。量的准则包含两个次准则：①所提供的话语应包含交际目的所需要的信息；②所提供的话语不应超出所需要的信息。

质的准则指所提供的信息应是真实的。质的准则包括两个次准则：①不要说自知虚假的话；②不要说缺乏足够证据的话。

关联准则指所提供的信息要有关联或相关。

方式准则指提供信息时要明白清楚。方式准则包括四个次准则：避免晦涩；避免歧义；要简练（避免啰唆）；要井井有条。

格赖斯提出的语言使用原则，同时他也指出人们在交际中也有不遵循原则的情况，当会话的一方违反使用原则下的某项准则时，会话的另一方察觉到后就需要越过对方话语的表面信息，去推理说话人话语中所隐含的信息，体会出说话人的真实目的，也就是会话的含义。在言语交际中，交际的双方都应该遵循语言使用原则，在会话中要提供真实、量足、相关、简明的信息，这是格赖斯为人际交往设置的理想路径。在实际的人际交往中，交际双方并不一定遵循语言使用原则，当交际的一方违反语言使用原则中某条或多条准则后可能会产生会话含义，且与特定语境密切联系，会话含义的产生与具体的语境有关，也与违反准则有关。

人们说话时一般是遵循这四条准则的，但有时在交际中也会打破这些准则。格赖斯明确指出：反语、隐喻、夸张和弱言都是说话人有意违反会话的质量准则。使用修辞格的目的可以说是通过使用比较含蓄的语言来达到更加强烈的语气、更加生动的表达。尤其是隐喻，多年来一直是语言学家和翻译学家关注的一个焦点。

另外，还可利用会话含义中的合作原则解释文学文本和翻译的现象，特别是小说中对话的翻译。小说对话体现的是交际功能和语用意义，在翻译理解过程中，可以结合凯文森的新格赖斯会话含义理论来合理推导会话含义和理解说话人的互动，提供翻译的标准；可以采用增词，增加超语言信息及其他技巧来帮助目标语读者推导语用含义，如实再现原小说的对话场景。在口译过程中，合作原则可以建立讲话人－译者－听者的合作关系，确保交际双方成功交际，同时合作原则还可以作为口译质量的标尺。

总之，译者必须了解源语和译语之间的不同的语用原则，设法沟通双语的语用意义的差异，填补语用意义的空缺，使原文的合作原则与译文的合作原则一致。合作原则对言语交际有着一定的制约作用，一般情况下交际的双方都会遵守这一原则及相关准则，并且也希望对方能够遵守。相比起遵循的情况，人们关注更多的是违反合作原则的情况，当说话人故意违反合作原则的某一准则时，话语中就可能产生会话含义。

（四）言语行为理论与翻译

言语行为是一种非常有意义的语言现象。这一概念最早是由英国哲学家奥斯汀于1950年提出的。按照言语行为学的观点，我们是在进行一系列的行动，也就是"言内行为""言外行为"和"言后行为"。"言内行为"是指通过句法、词汇和音位来表示词语、短语和句子的行为。"言外行为"是指在说出某种话语时，采取相应的行动来表达自己意愿的行为。"言后行为"是指由说话或说出的话所造成的结果或改变的一种行为，即说出某种语言而发生的行为。

奥斯汀将言语行为理论视为一种独立的语言表达意义的研究，塞尔将其提升为一种解释人类语言交流的理论。塞尔把语言看作一种有目的的行动，认为它受到了规则的约束。我们说话的时候，就是在遵循语言的规律，进行着不同的语言活动。

翻译是跨文化交际中的一种语言行为，它是一种复杂的语言行为，因此，译者应从文本中挖掘其"言外之力"，将其"弦外之音"用清晰或含蓄的方式传达给读者。言语行为说突破了结构主义对构造性规则的偏重，从而将解构主义的非理性批判重新回到理性的轨道，从而为翻译研究提供了恰当的语言学依据。而"表达"的可理解性、"命题真实性"等则是翻译多元化的理论基础。翻译时，译者应该把注意力集中在译文的目的和读者身上，不应该只局限于译文与原文之间的相等，而是要在语用和功能上实现对等。

语用等效翻译分为语用语言等效翻译和社交语用等效翻译。因为不同语言间的社交背景不同，为使目的语读者获得与原文读者一样的阅读体验，也需对一些目的语读者不熟悉甚至不了解的内容进行翻译补偿以及翻译转化。据此，我们需要树立语用等值的翻译观，注重语言使用时的话语意义，实现语言等值，以及注重不同文化和社交背景所呈现出的交际意义，实现社交等值。为了使目的语读者切实感受到原文想表达的内容，理解作者在特定话语中的真正意图，需要用语用等值原则来指导翻译，从而弥补两种语言和社交之间的差异。

1. 语言层面语用等值翻译

人类借助语言交流思想，传递文明。语言在人类的生产生活中扮演着举足轻重的角色。例如，在纪实文本翻译中，对语言的把握和处理尤为重要，既需准确理解原文，读懂原文内容及字里行间体现的思想，又要能准确有效地将其以译文的方式展现给目的语读者。由于语言运用等方面的差异，对该语言读者来说很容易理解的词义，在另一种语言中可能不存在一一对应的词语，这时就需要译者明晰词义，追求表达出与原文相似或一致的效果。

奈达提出"所谓翻译，就是从语义到文体（风格）在译语中用最接近、最自然的方式再现出原文的对等信息"，而作者的感情色彩可以通过行文中的语法结构等进行判断。修辞的使用在英汉双语中均非常常见，其既可让语言更具感染力，也可起到突出、强调事实及作者所思所感的作用。在实现语言层面语用等值方面，将重点讨论明晰单词词义、上下文的把握与统一、凸显作者情感色彩和再现修辞效果四部分内容。

（1）明晰单词词义

语言的模糊性客观存在于语言活动中，模糊性是人们认识中关于事物类属边界或性质状态方面的不明晰性、亦此亦彼性、非此非彼性，也就是中介过渡性。总的来说，一方面在语言活动中语言自身就存在模糊性，另一方面是人们的认知中存在对语言认识的有限性及不确定性，也有可能是作者刻意使用修辞等模糊语言营造氛围，所以语言模糊性是常见于语言活动中的。同时，唐玉凤认为语言的模糊性与明晰性共存于现实语言中，是一对矛盾体，既相互矛盾又相互依存。所以在翻译时，应结合语境理解原文中语言模糊处所要表达的含义，并恰当处理语言模糊性与明晰性之间的关系，将其明晰译出，使其便于目的语读者理解，实现语言层面的语用等值翻译。

【示例】In late September, Anker and Tate sent me a self video:two silverbacks on a ridge during a golden-hour hike.

译文：9月下旬，安克和塔特给我发了一段自拍视频：他们两个登山运动的领军人物在山脊上非常愉快地徒步。

"silverback"本指"an older adult usually dominant male gorilla having gray or whitish hair on the back"，即成年居于领导地位的银背雄性大猩猩，此处不能对其进行直译处理，而是根据语境明晰其指代对象，指的就是安克和塔特二人。"golden-hour"的字面意思为"黄金时段"，如果对此进行直译，则译为"黄金时段的徒步"，会造成语义模糊，不利于译文读者了解其含义。刘宓庆提出词义语境化的概念，即译者应重视对原句所处的全文和上下文所传达出的意义进行准确把握，不应孤立地对待任何一个词。在翻译过程中，要实现语用等值翻译，并方便读者获得与源语读者相同的阅读体验，需要把语言放在语境中，适当将相关词语进行明晰处理。本语境使用"golden-hour"一词表明安克和塔特度过了一段如黄金般美好的时光，故将其意译成"非常愉快地徒步"，以期起到解释作者意图的作用。

（2）上下文的把握与统一

语言语境，亦称上下文语境，指语篇的内部环境，既包括狭义的词与词、句与句之间的搭配，也包括广义的段与段、篇章与篇章之间的关联与呼应。人们总会在特定的语言环境下进行言语交流，语境直接影响着人们对言语的理解。语用含义是根据语境研究话语的真正含义，解释话语的言下之意、弦外之音。如果对原文的上下文不清楚，对相应的语境理解不准确，就会造成翻译的语用失效。因此，在这一部分，为了实现语言层面的语用等值，在处理的时候应根据具体的语言语境对词语进行合适的释义。

曹文学在《翻译论》中将上下文进行了微观和宏观的划分，其中微观语境又称为狭义上下文，即在一个句子范围之内某一特定语言单位周围的前言后语。英语一词多义的现象繁多，还有不少同词反义的现象，把握狭义上下文有助于输出更加准确的译文。

【示例】Recall that entitlement spending is expected to amount to 73.2 percent of federal revenue that same year, so there will be little leftover for defense, diplomacy, education, environmental protection, and all other discretionary programs.

译文：回想一下，同年福利支出预计将达到联邦收入的73.2%，因此，用于国防、外交、教育、环保和其他所有可自由支配的项目的资金将所剩无几。

首先对该句的句法及语法进行简单分析，本句是由"that"引导的宾语从句，前半句用到了被动语态，在翻译时遵循"英文多被动，汉语多主动"的语言习惯，将其译为更符合目的语习惯的主动语态。后半句是"there be+ 主语 + 定语"的句型。"leftover"作名词有"残羹剩饭，残留物"的意思，按照原意代入译文显然指代不明确，根据字面意思进行直译会导致译文偏离原文的真实内涵，过于生搬硬套。在翻译之前需彻底理解句内语境下的相关背景，语境在所有的翻译实践当中都是很重要的因素，其重要性大于任何理论、基本词义。根据本句话前半句中的"福利支出"与"联邦收入"可得知文本谈论的可能是有关财务与金钱方面的内容，再由后半句中"program"一词可得出是在探讨关于项目投资的问题。因此，在翻译时根据中心词前后的表达，以及当前句内的语境，在语用等值理论的指导下，将"leftover"译为"资金"，不仅符合文本特征，体现出原文本的专业性，且在该语境下实现了语用意义的统一。因此，当词句的词义产生偏离时，在翻译时更要结合上下文中的语境进行具体分析，根据具体语境因素去定义词语的真正含义。

【示例】In addition, an aging population may create a longer-term drag on aggregate growth, and the US budget outlook is weak.

译文：此外，人口老龄化可能会长期拖累总体经济增长，而美国的预算前景也不容乐观。

本句是由"and"连接的两个简单句构成的复合句。前半句的中心词是"人口老龄化"，后半句的中心词为"美国预算前景"。"weak"一词为形容词，意为"虚弱的、懦弱的、软弱无力的"，"预算前景"与该词的表面意思无法搭配使用，按照原意翻译会导致词意与当前语境不符，语用意义不一致。区分词语的表面意思和其在具体语境中的真正含义对于翻译实践来说非常重要，词语的语境含义往往受相关词语的左右，需要根据具体的语境因素来确定其隐藏含义。因此需首先分析句内语境。"人口老龄化"是指人口生育率降低和人均寿命延长导致的总人口中老年人口比例相应增长的动态。该现象的出现会导致社会负担加重，同时会影响经济的发展。根据分析，美国的人口老龄化对于其预算前景来说会造成负面影响，可能会导致预算不足。因此，将"weak"译为"不容乐观"在当前语境下更加贴切地形容了美国预算前景的形势,实现了该语境下的语用等值。

宏观语境也称广义上下文,指的是该语言单位超出句子范围的语言环境,包括一个句子与其他句子或整个段落之间构成的语境。句子之间的语境对翻译中词义的筛选、情态的诠释有着很大的影响。

【示例】He has identified four headwinds to future growth; ① the demographic transition of aging and slower population growth, ② a slowdown in educational achievement and a rise of student debt, ③ income inequality, and ④ federal government debt.

译文:他指出了未来增长的四个阻力:①老龄化和人口增长放缓的人口结构转型;②教育成就不显著、学生债务增加;③收入不平等;④联邦政府债务。

"headwind"的意思为"a wind which blows in the opposite direction to the one in which you are moving",即"逆风、顶头风",但在该语境下译为原意明显不合适,因为英汉两种语言有其不同的表意方式及用词特点,因此为了使译文读起来自然通顺,要对具体单词的意思进行适当的转换。根据上下文分析,美国的全要素生产率越来越低,而后文的四个"顶头风"都是消极因素,因此根据上下文语境推断,此处的"headwind"应译为"阻力"才能更准确地表达出后面几个因素对美国经济增长的消极意义,从而增强受众的理解,实现句间语境下的交际作用。英语中的词汇大多是一词多义,在翻译时必须根据上下文语境来判断词语的内涵意义,选择最恰当的释义,完整且准确无误地传达原文的意图。

【示例】To date, intellectual leadership and economic size have enabled the United States to lead the development of the international system in such a way that other nations find it useful to join out of self-interest. Whether this will continue to be the case will therefore depend in part on whether the United States can maintain intellectual leadership.

译文:迄今为止,美国在知识方面的领先地位和经济规模能够让其领导国际体系的发展,其他国家出于自身利益也认为加入国际体系是有益的。因此,美国能否继续当领头羊,将部分取决于是否能够继续保持该地位。

该例句中有"whether"引导的主语从句。在句首位置出现了指示代词"this",并且没有明确指示,出现了模糊指示的问题,若将该句直译为"能否继续这样下去将……"在信息传达方面,会产生模糊信息,让译入语读者感到不知所云。因此,通过上下文的语境进行具体分析,该案例中上一句主要叙述了美国的领先地位,所以可明确第二句中的"this"指的是美国的领先地位。英文常用物称,这样会显得客观、公正,使结构趋于严密。在英汉两种语言有差异的情况下,要想实现译文与原文在同等程度上的对等,首先要做到让译入语读者透彻且充分地理解词句意义,让译文更加符合译入语读者的阅读习惯。因此,在处理时增译了"领头羊"这一喻体,在翻译中充分考虑了源语和目的语在表达方式上的不同,不被原文内容与形式拘泥,以最自然对等的译语来展示原文内容,从而体现语用等值的价值,增强语言受众的理解,消除理解障碍。

(3)凸显作者情感色彩

在翻译文本时也要根据文中的语言等据实翻译原作者的思想感情。霍跃红曾总结"翻译效度就是指翻译过程中交际意图和受体期待的实现程度",所以在翻译时要凸显隐含在原文中的情感色彩。

【示例】One bolt and we'd all be toast.

译文:一个闪电,我们就都被烤成肉饼了。

单词"toast"有"举杯庆祝、烤得焦黄"的意思,本例所在语境讲的是受到心理问题困扰的运动员在聚会时遭遇暴风雨,棚内雨水已经涨了起来,而且有很多金属装置也被泡在了水里,一个闪电他们可能就会有被电到的危险。在写本句时语气是比较诙谐幽默的,为了体现作者的情感色彩,并结合单词含义,在多次揣摩后将其翻译成"烤成肉饼"。"肉饼"在中文中除表示食物外,也常用作比喻义,比如人摔成"肉饼"等,较符合作者此处所表达的诙谐幽默的情感,可以使译文读者获得和原文读者相近的阅读体验,实现语言层面的语用等值。

(4)再现修辞效果

在行文中使用修辞手法可以使语言表达更具感染力。英汉双语间均存在修辞格的使用,尤其在文学作品中常用其来表现语言的感染力和文学性。由于英语和汉语属于两种不同的语种,所以中英文中修辞格的应用、形成以及发展均会因为不同的文化而有所不同。同时,修辞格的广泛运用也会使得语言充满文学性和文化内涵,所以在翻译中应保持译文和原文修辞表达的一致性,以使目的语读者和原文读者获得同样的阅读效果。

2.非语言层面语用等值翻译

为了让译文和原文实现语用上的等值,在翻译时应更加重视言语的语用意义。这就要求不仅仅对语言语境中的话语意义进行剖析,更要重视语言体系外的各种制约因素,包括"情境语境"和"文化语境"。

（1）情境语境的重构

在非语言语境中，情境语境作为一种言外语境，有着不言而喻的重要性。英国语言学家莱昂斯把情境语境解释为从实际场景中抽象出来的，对言语活动产生影响的一些因素，包括参与者双方、场合、话题等。言语行为总是在一定的情境中发生的，发生言语行为的实际情况也可帮助确定语言形式所表达的意义。情境语境限制了词语的具体含义，而语用学研究的正是在特定情境语境中的话语，特别是研究在不同的语言交际环境下如何理解和运用语言。

【示例】For Rumelt, good strategy contains three elements:a diagnosis of a challenge, a guiding policy, and a set of coherent actions.

译文：鲁梅尔特认为，好的战略包含三个要素：对挑战的分析、纲领性政策以及协调的行动。

例句中"diagnosis"一词的原意为"诊断"。在汉语中，"诊断"的意思是"医生在给病人做检查之后判定病人的病症及其发展情况"，属于医学领域的词语。"挑战"很少和"诊断"搭配使用，且在经济文本翻译中，若直译为"对挑战的诊断"则无法达到该特定语境之下的交际作用，从而影响译入语读者对文本的理解。在处理此处时应结合文本特征，考虑到报告言语的严谨性和客观性，将其译为"分析"。因此，话语在不同的语境中可以表达不同的意义，只有考察具体的说话语境，才能准确理解，从而实现等值。

【示例】Some of the increase in the ratio of net debt to GDP is to be expected. During recessions, so-called automatic stabilizers kick in. For example, unemployment benefits rise because more people are jobless.

译文：债务净额与国内生产总值之比有所增加，这在意料之中。在经济衰退期间，所谓的自动稳定器（亦称内在稳定器，是指经济系统本身存在的一种会减少各种干扰对国家收入冲击的机制，能够在经济繁荣时期自动抑制通货膨胀，在经济衰退时期自动减轻萧条，无须政府采取任何行动）开始发挥作用。例如，若失业的人越来越多，那么失业救济金就会增加。

"stabilizer"有"稳定装置、减摇装置、稳定轮"等意思，但这些词义明显都不属于经济学词汇。经过词汇库的检索，发现"automatic stabilizers"这一词组有其固定的表达方式，即"自动稳定器"，但该专业词汇在前后文都未出现过，而且下文的例子也是基于该词汇。考虑到译入语受众的复杂性，使用了增译的方法对该词汇进行解释说明，便于译入语读者更透彻地了解下文所举事例。

（2）文化语境中隐含文化信息的显化

要实现社会文化层面语用等值的达成，必须从社会文化交际的角度考察语言的使用，在翻译时不能将语言内容与文化割裂开来。为了保证两种语言交流的正常进行，必须处理好语言和社会文化因素之间的碰撞。这就要求译者充当跨越两种文化的桥梁。在翻译相关语境下的篇章时，为了实现语用等值，首先要从原文文化语境的角度理解原文，然后从目的语的角度着眼，将原文信息重新表述为译文读者接受和理解的篇章。

【示例】The two potential causes are simply different sides of the same coin, although a situation of diminishing profit opportunities is amenable to U.S. policy action.

译文：上述两个潜在因素是在辩证地看待同一件事，尽管在获利机会减少的情况下可以采取美国的政策行动。

不同文化之间既有区别又有联系，联系就是指民族文化之间存在的共性。在英汉两种语言中，能够体现其共性的词汇很多，这类词汇的字面意义相同、文化含义相近，在两种语言中可做等值互译。如本示例中，"different sides of the same coin"在英汉两种语言中都是谚语，且意思相近，指事物的两面性。在处理此处时，将文中意象与目的语受众文化的影响相结合，挖掘出更深层次的含义，即"辩证地看同一件事"，使得受众能够深刻理解文本，从而实现文化语境下语用等值的达成。

3. 社交层面语用等值翻译

由于地理位置、风俗习惯、宗教信仰等的不同，东西方国家在很多领域都存在社交文化背景上的冲突。翻译是一种跨文化的交际活动，文化是社交的一部分，故译者应扮演好社交文化"媒介"的角色。王育祥曾提出"为了保证跨文化交际的顺利进行，要根据译入语的语言文化特点采用恰当的方式表达出源语的语用含义和言外之意"。面对中西方社交间的差异，如果译者只是按照原文的字面意思进行翻译，不解释其中的文化信息，那么就目的语读者来说很有可能会出现无法理解原文文化的情况，导致阅读体验不佳。因此译者在翻译的过程中必须了解、解读原文背后的社交文化因素，了解其中承载的语用意义和语用效果，实现社交层面的语用等值。

（1）补偿社交文化信息

语言是文化的载体，一些隐含文化信息的词句，如在翻译过程中出现的宗教信息、地理信息等，如果在翻译时没有对其进行解释，那么呈现出来的译文就很有可能会晦涩难懂。译者在翻译时需要对这类存在社交文化差异的地方进行灵活处理，帮助目的语读者获得与原文读者相同或类似的阅读体验。

【示例】To such people, or the ordeal of the vision quest, or Buddhist principles of nonattachment and transience might be more than metaphor.

译文：对这样的一群人来说，这或许是视觉探索的考验，或是佛教不执和无常的理念，这可能不仅仅是隐喻。

本句的语境是介绍一群充满冒险精神的登山运动员，他们不怕登山环境恶劣，也不怕因为极端天气发生危险对身体造成伤害，因为他们热爱这项运动，所以内心是澎湃的。"nonattachment and transience"在佛教中属于专业用词，在翻译时不仅需要展现其含义，更应体现出佛教语言的特色，故查询相关佛教网站找出其对应含义，将其译成"不执"和"无常"。

（2）明晰社交文化信息

语言是文化的载体，忽略文化语境，语言研究的社会价值便不复存在，所以译者在精通两种语言的基础上还要深刻了解两种语言的文化背景。对于谚语、习语、成语、俚语等蕴含社交文化信息的翻译，需要在了解源语的语言风格、文本类型、文化氛围等的基础上，运用目的语读者所能理解的语言表达出来；同样，也有一些文化信息对源语读者来说理解起来很容易，但如果将其直接转化为目的语，很有可能造成社交语用的失误，无法使目的语读者明晰其社交文化含义，所以需要译者在翻译时明晰社交文化信息，从而实现社交层面的文化等值。

【示例】A year before, the North Face had invited me to Puerto Rico to speak on a panel for the company's annual athletes' summit—not my bag, typically, but the roster of big-name mountaineers and skiers who'd be there promised that it would be a laid-back Chautauqua of mountain badassery that an old harness-sniffer like me couldn't resist.

译文：一年前，运动品牌"北面"邀请我到波多黎各参加公司年度运动员峰会的座谈会，这通常不是我的菜，但出席会议的大牌登山运动员和滑雪者的名册告诉我，这将是一个像我这样的资深玩家无法抗拒的肖托夸山区聚会。

"not my bag"为俚语，在英语字典中的释义为"To be something that one is interested in or enjoys. Usually used in the negative."，简单概括成中文是指"不感兴趣的内容"。由于中英文化间的差异，涉及文化信息的内容若直译，译文读者可能无法完全参透其内容，需要对其进行明晰处理。如果此处直译为"不是我的包"，没有对其文化信息进行明晰，译文是无法为读者所理解的。本例在翻译时用中文的俚语"你是我的菜"来翻译英文的俚语，既译出地道的"中国味"，拉近与读者的距离，又明晰了这些包含一国语言文化信息的内容，达到社交层面语用等值的效果。

【示例】He's my cup of tea. I'm a mountain person. I'm not an ooey gooey dress-everything-in-pink kind of woman.

译文：他对我的胃口。我是个山地运动员。我不是那种会穿粉红色衣服的傻瓜。

本例语境为"我"是一个越野跑运动员，在一次比赛中从高处摔落，身心受到严重创伤，认为"He"，即心理治疗师塔特非常适合治疗当时的"我"。英国人酷爱喝茶，对茶情有独钟，无论什么饮品都代替不了茶在他们心中的位置，因此"one's cup of tea"是具有英国特色文化的表达，指"使某人感兴趣的东西"。为了使翻译后的译文也具有文学性，并具有中国特色，故选用了汉语中常见的"对某人胃口"这个俗语进行翻译，这样翻译可以使译文读者直观地了解原文所表达的内容，从而弥合双语的文化差异，实现社交层面的语用等值。

在翻译示例中，针对翻译过程中遇到的问题，将其细化分类，分别讨论语言层面的语用等值和社交层面的语用等值。针对语言层面的语用等值，遇到的问题主要集中在明晰单词词义、上下文的把握与统一、凸显作者感情色彩和再现修辞效果上。针对这些问题，译者需要全面了解单词含义、理解上下文内容，读懂隐含在行文中的作者情感，从而实现语言层面的语用等值，使译文体现原文文本所呈现出的纪实性和文学性。针对社交层面的语用等值，一方面需要补偿社交文化信息，将目的语读者不了解的文化内容以加注或增译的形式补充进来，一方面需要明晰社交文化信息，将英文中的俚语、俗语等文化内容以目的语读者熟悉的表达展现出来，弥合双语间的文化差异，拉近目的语读者与原文的距离，实现社交层面的语用等值。

第三节　对比语言学理论

一、对比语言学的一般理论

语言对比研究是语言研究的重要领域，但对比语言学作为一门学科是近几十年才兴起的。20世纪初，丹麦语言学家杰普森最早提出了比较语法的概念，主张对多种语言进行共时比较，从意义和观念出发，探讨全人类共有的基本概念在各种语言里是如何表达的。20世纪中叶，一些语言学家提出把对比语言学作为应用语言学的一种，探讨如何通过语言对比促进语言教学，但这一时期的对比研究局限于形式研究。进入20世纪20年代，语言对比研究开始进入深入发展时期，从单纯形式转向了意义与形式结合，从微观转向了更为宏观的层面。

在中国，对比语言学作为独立学科始于20世纪70年代吕叔湘《通过对比研究语法》的演讲，之后在几十年的时间里取得了长足发展。微观层面的对比研究涉及语音、文字、词汇、语义、语法五个层面；宏观层面主要指句子以上层面的对比，涉及语篇、修辞、语用和认知思维对比，涉及语言、社会文化等不同内容。在研究方法与视角上也采用了定量与定性相结合、微观与宏观相结合的办法。对比语言学的研究成果在教学、翻译、词典编制等各个领域得到了广泛应用，并且出现了跨学科的发展趋势。正如秦洪武、王克非《〈基于语料库的语言对比和翻译研究〉评介》一文中所提到的，随着语料库尤其是多语语料库的创建和应用，对比语言学和翻译研究渐呈合流之势，主要表现为对比语言学和翻译研究都使用相似或相同的多语语料库从事研究。越来越多的学者已认识到翻译语料库在语言对比研究中的重要作用，有人甚至说翻译是语言比较的上好平台，可以在此基础上得出对比研究的结论。鉴于此，双向平行语料库可以成为综合对比的理想平台，它所提供的多向对比有助于研究者深入了解两种语言的异同。目前，语料库翻译学的主要研究内容，不仅涵盖传统翻译学的研究内容，如翻译的本质、译者风格、翻译语言特征、翻译规范、翻译理论与实践、翻译教学以及口译研究等，也包括建设翻译平行语料库或翻译语料库，使研究内容能够不断深入。

二、对比分析与翻译

（一）对比分析在翻译理论研究中的意义

霍姆斯在 1972 年提出了一个整体的翻译研究框架，如图 2-1 所示。

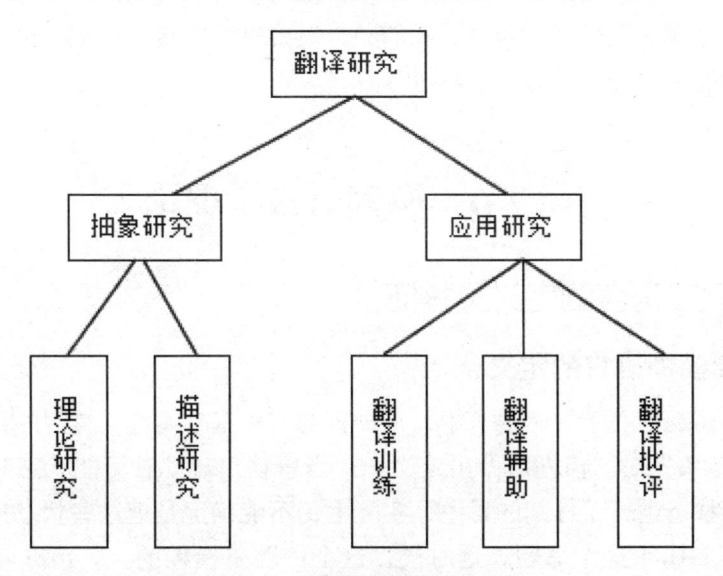

```
                    翻译研究
                   /        \
              抽象研究      应用研究
              /    \       /   |   \
         理论  描述   翻译  翻译  翻译
         研究  研究   训练  辅助  批评
```

图 2-1　翻译研究的总体框架

翻译中的等值与等效问题一直是翻译理论界争论的焦点。提姆认为，不同的篇章原理也会对语言条目或表达法产生一定的影响，所以，很难达到严格的等价，但这并不妨碍在具体的环境中确立翻译的等值。在具体的上下文中，文本的对等只是大致上的对等。

通过比较，我们可以从不同层次进行分析，从而达到翻译的等价性。为了判断两种语言中哪些语言成分可以达到相同的效果，就必须从不同的语言层次上进行比较，以找出它们在哪一种语言层次上是等价的，在哪一层次上是不相等的。

（二）对比分析与翻译实践

翻译过程是从源语到目的语的语言转化过程。对比分析要研究的是卡特福德所说的有条件的一般语篇对等情况，而在具体的翻译实践中，译者要解决的问题就是在特定的语境下的特定语义转换问题。通过比较分析，可以为我们在源语中的具体应用提供不同的解决方案，以便在翻译过程中根据实际情况做出恰当的选择。

连淑能从英汉的语法特征、表现方法、思维习惯和文化差异等方面全面论述了语言在各个层次上的不同特点。他从十个角度分析了英汉差异，包括综合语与分析语、聚集与流散、形合与意合、繁复与简短、物称与人称、被动与主动、静态与动态、抽象与具体、间接与直接以及替换与重复，如上的研究对于具体翻译实践有重要意义。在翻译过程中，我们经常需要进行语音、词汇、语法、语篇、语用等方面的对比分析，力求语篇对等。

第四节　模糊语言学理论

一、模糊语言的定义及特征

（一）模糊语言的定义

模糊性客观存在于自然语言中，是语言的一种基本属性。美国的哲学家皮尔斯于 1902 年率先对"模糊"做出定义："当事物出现几种可能状态时，尽管说话者对这些状态进行了仔细的思考，实际上仍不能确定是把这些状态排除于某个命题，还是归属于这个命题。这时候，这个命题是模糊的。" 1923 年，英国的哲学家罗素又在《论模糊性》一文中指出"整个语言或多或少是模糊的"，并对模糊语言进行定义："当用于描述的系统与被描述的系统之间不是一对一的对应关系时，这种描述就是模糊的。"这在学界被认为是对模糊语言最早的概述。英国语言学家厄尔曼则针对模糊语言提出它的四个产生因素：词语的遗传特性，意义是不相似的，非语言世界内缺乏清晰的边界，缺乏对于词所代表意义的熟悉度。

我国的专家，以最早引进模糊语言的学者伍铁平为首，也同样对模糊语言进行了定义。伍铁平认为自然语言的模糊性是其固有属性，它使概念的外延变得不确定。语言学家赵元任认为，一个符号，如果它运用于边缘的场合比运用于清晰的场合还突出，那么它就是模糊的。学者张乔则认为模糊指表达本身的意思有多种理解的含义，而且这些含义在语义上是相关联的。黎千驹则根据前人的经验，总结出模糊语言是指在 A 与非 A 之间存在着一个不明确的交界区域，它是渐变的、不能一刀切的，我们不能确定地说某个词语是属于还是不属于这个区域。

（二）模糊语言的特征

对于模糊语言的定义，虽然不同学者给出了不同的解释，但其侧重点各有不同，均有不足之处，始终没有形成一个完整统一的概念。模糊语言的几大特点如下，用以完善模糊语言的定义。

1. 中心的相对确定性

在言语交际中，如果简单地把模糊语言看作完全模糊的，难免会陷入虚无主义。在模糊语言中的"确定"与"模糊"是中心的确定与外延的模糊，二者相互渗透、辩证统一。如果我们抛弃中心的"确定"，只看外延的"模糊"，就会丢失客观事物的本质属性，无法正确认识事物。

2. 边界的不稳定性

现实生活中，我们不能简单地将有联系的 A 与 B 割裂开来，A 与 B 之间存在着一个模糊的交界区域，这个模糊的范围我们既可以把它划入 A，也可以把它划入 B，随时可能发生变化，具有不稳定性。模糊范围的不稳定追其根源，是边界的不稳定造成的。对 A 与 B 的划分，由于边界的不稳定，会使其向 A 或 B 偏移，边界在 A 与 B 之间活动的范围正是模糊范围。

3. 对原型稳定的依附性

在原型理论中，原型被认为是某一类型意义的典型或原始形象，具有某一类型的典型特征，这一类型的其他成员的典型性程度相较于原型则要低许多。这种"原型"在语言中也有所体现，当我们提出某一具有抽象性、概括性的模糊概念时，其外延实际上是一个拥有不同隶属度元素的集合，其中具有普遍性、典型性、稳定性、适配性的形象就是"原型"，而隶属度较低、容易被遗忘的形象就是非典型成员。在日常生活中进行交际时，当有人提出某一个模糊概念时，我们往往可以清楚地明白对方所指的是哪一个或哪一组事物，这是基于相似的原型认知。相似的原型认知通常依附于社会环境的相似而存在，受共同的文化环境、教育背景、生活经历等影响。当集合中的典型元素被拥有共同社会背景的人群认可时，渐渐地就变得约定俗成了，成为一种常识。因此，要保证模糊语言是积极的，可以被理解的，原型的稳定就必不可少，而民族、年龄、性别等的不同都会改变集合中元素的隶属度，使原型变得不稳定。一旦原型失去了稳定性，那么语言的模糊将毫无意义，这不符合语言的经济性。积极的模糊语言必须依靠原型的稳定性。

4. 受语境的限制

所谓语境，即语言环境，指说话时人所处的状况与状态。语境的使用往往可以使模糊语言的语义清晰、准确,然而这并不代表我们消除了语言的模糊性:一来语境并没有消除模糊的功能,它只是将语义限制于一个较小的、适当的范围内,以方便大脑进行快速解码;二来模糊性作为语言的自然属性是无法消除的。因此,模糊语言经常借助语境对语义的解释和过滤功能使意义变得准确清晰。

在语言发展和使用历程中,模糊现象十分普遍,模糊性亦是自然语言的本质特征之一。作为语义的组成部分,模糊语义在交际中的作用至关重要,不容忽视。语义的模糊性是在人类认知过程当中产生的,因此认知心理对模糊语义的产生和识别起着不容小觑的作用。

随着"模糊集合论"的提出,模糊语义也成为语义学中一个十分引人瞩目的研究领域。语义本身具有根深蒂固的模糊性,想忽略它或改变它都是不可能的。随着模糊语言学的发展,模糊语义逐渐引起研究者的广泛关注和普遍重视。从模糊语言学的实际出发,结合模糊理论的一般原理并对之加以限定和改造,界定出符合模糊语言学实际的、各模糊语言学分支学科的研究对象。根据现代认知心理学和认知语言学的研究成果可知,语言是人类认知活动的产物,同时也是认知活动的工具。语言符号主要用来表达和传递意义,而符号意义的形成是人类对其所处的世界进行范畴化、概念化的结果。在范畴化的过程中极易产生语义的模糊性。人类的认知以人类对世界的类属划分为基础,这一活动受到人的认识能力、认知需要以及客观现实的制约。李晓明以认识论为研究角度揭示了模糊性的实质:"所谓模糊性,就是人们认识中关于对象类属边界和性态的不确定性。"

综上所述,模糊语义是人类的思维认知的结晶,即人类在语言中对某一对象的归属、外延、性质和形态等方面的不确定性的体现。模糊语义的本质是客观事物或现象在人们意识中的模糊反映,所谓模糊反映就是人们意识中对客观事物或现象的不可能精确或不必要精确的反映。

模糊语义是相对于精确语义而言的,是语言符号才具有的意义。模糊语义的不同表现形式可以大致分为以下八种:内涵模糊与外延模糊;抽象模糊与具体模糊;量的模糊与质的模糊;上限模糊与下限模糊。

(1)内涵模糊与外延模糊

了解清楚模糊语义的各种表现形式,有利于区分模糊语义和明确语义,从而对文本语篇采取不同的处理方式。根据吴振国的理论分析,内涵模糊和外延模糊的概念一般来说是相互依存的。我们可以依据外延概括出其内涵,同样地,可以根据内涵明确外延。在日常交际中,语义模糊现象非常之多。在与人交往中,人们最常使用"实指"和"描述"这两种方式来指明主体。"实指"即人与人当面交流时，可以通过同样的指称方式指明主体，或者通过记忆中目标人物的典型特征来联系其人名。"描述"往往指主体不在眼前，听话者通过说话者对于所指主体特征的描摹来认知该对象。通常人们对于历史人物和不认识的人的认知，就是通过这种方式。对于所指对象的描摹，无论是外貌还是其他性格等特征，都具有一定的模糊性。当某些人名具有一定内涵时，该内涵体现了其相貌或其他典型特征，听话者单纯通过人名内涵的描摹，从而确认该人，很可能会产生一些偏差和错误，故具有一定的模糊性。

（2）抽象模糊与具体模糊

在认知语言学中，语义可以分为概括意义和具体意义这两种存在形式，相应地在模糊语义中，我们可以同理地划分为两种表现形式。当语言的概括语义体现为模糊的时候，我们称它为抽象模糊；而当语言的具体语义体现为模糊的时候，我们称它为具体模糊。所以说，模糊语义在实际使用过程中，时而体现为抽象模糊，时而体现为具体模糊。

（3）量的模糊与质的模糊

模糊语义中量的模糊，指词语的语义与数量相关的模糊性。表示长度、宽度、高度、体积、面积、重量、时间、距离、速度、方位等语义的词，如"长、短""宽、窄""高、矮""大、小""轻、重""快、慢""远、近""早、晚""东南西北"等，由于没有准确数量的界定，所以常常体现出模糊的特点。其中值得一提的是，有关时间的模糊，有时会对翻译产生影响。有关时间的模糊的表现形式较为丰富，概括起来分为开始结束时间、时间先后、时间跨度三种。其中，涉及开始结束的时间最为常见，常用"早、晚"等词汇。

（4）上限模糊与下限模糊

当语义模糊表现出量的模糊或质的模糊时，又可以分出上限模糊和下限模糊。最常见的就是体现在年龄大小方面，大到什么程度，就是上限模糊；反之，就是下限模糊。虽然质的模糊，难以直接确定其上下限，但是对于评价性词汇，如"优秀""好"等，我们可以人为主观地设定程度范围，从而确定其隶属函数，最终得出它的上下限。

在语境中，模糊语义体现出了相对性和互为转化的特点。一方面，模糊语言的语义会跟随语言环境的变化而变化。另一方面，模糊语言的语义也会出现由清晰到模糊或模糊到清晰的变化。语境是交际顺畅的保障，只有在一定的语境中，模糊语言才能被更准确地把握，发挥其独特的语用功能。

5.受语用容忍原则的包容

这一最早由莱特提出的原则以人类观察行为的特点为依托：人类的观察能力有限，往往不能详尽地感知事物的微小之处，所以我们往往会使用模糊语言进行表达或者将事物设定为一种理想状态，对其进行精确式的归纳概括。然而有趣的是，不论采用"模糊"还是"精确"的表达，人类在交际时均会以"模糊"的形式进行理解。话语表达的命题与说话者要传达的思想之间存在一种解释的相似性，属于语言交际中的"不严格交谈"。甚至于精确的数字也经常成为模糊理解的对象，当有人告诉我们"明天早上八点开始上课"，第二天如果七点五十五分或八点零五分开始上课，我们都不会觉得自己受到了欺骗，这是因为我们在接收这一精准时间时，已经将其模糊化，可以容忍些许的时间偏差。语用容忍原则对"模糊"的容忍不仅仅是对模糊语言的容忍，更有对"精确"模糊化的容忍，这是建立在对话语进行了模糊化处理之上的。在现实情况复杂多变的大背景下，语用容忍原则对模糊语言的包容，使言语交际得以顺利进行，是社会正常运转必不可少的一部分。

根据上文模糊语言的几大特点，可以将其定义为，模糊语言实际上就是受语用容忍原则包容，类属外延边界具有不稳定性而中心具有相对确定性，依托于典型性形象并受语境限制的一种自然语言。

二、模糊语言研究概述

（一）国外研究情况

西方对语言模糊性的研究由来已久，早在古希腊时期语言模糊性问题就已经吸引了人们的眼球。古希腊的麦加拉学派曾经对"秃头"这一概念做出界定，认为人们不能确定头发的数量究竟达到多少才能被称为"秃头"，所以"秃头"这一定义本身就是模糊的。从这里我们可以看出，"秃头"这一定义之所以模糊，是因为在语言中没有确定的界限，究竟需要多少头发才能达到"秃头"的程度。

美国著名哲学家、语义哲学的奠基人皮尔斯从语义的角度界定了模糊性。皮尔斯指出："当事物出现几种可能状态时，尽管说话者对这些状态进行了仔细的思考，实际上仍不能确定地把这些状态排除于某一个命题还是归属于这个命题，这时候，这个命题就是模糊的。上面说的实际上不能确定，我指的并不是由于解释者的无知而不能确定的，而是因为说话者的语言的特点就是模糊的。"可见，皮尔斯认为，模糊性是语言本身具有的属性，它并不是解释者的无知造成的，而是由于命题的类属范围的不确定性引起的。

英国哲学家罗素在《论模糊性》一文中指出，整个语言或多或少都是模糊的。罗素认为，由于模糊认识有更多潜在的事实可以加以证明，所以它比精确认识更加真实。模糊与精确问题的存在是语言的重要特征，而且当语言有模糊性存在时，在表达与表达物之间一定是一对多的关系。

美国语言学家布卢姆菲尔德在其著作《语言论》中充分关注语言中的模糊现象，并详尽地阐述了词语的模糊性。布卢姆菲尔德指出，"我们没有一个准确的方法来定义'爱'或'恨'这样的词，这涉及许多还没有准确分类的语境，而事实上这些难以定义的词占了词汇的绝大多数"。通过布卢姆菲尔德的论述我们可以了解到，正是因为绝大多数词语的类属范围是无法规定的，才使得这些词语具有了模糊性。

美国哲学家布莱克在其文章《论模糊性》中指出，词语的应用区域是有限的，所以它便具有了普遍性；而词语的模糊性，表现在它虽然有一个有限的应用区域，但这个区域的界限并不明确。也就是说，布莱克认为，词的模糊性就在于其界限的不明确性，这一特点使得这些词在产生和理解上具有模糊的区间。

德国哲学家兼语言学家卡西勒尔在《关于人的随笔》中提出，科学概念的那些尺度不能用来衡量日常言语中的词。相比于科学概念，日常言语中的词具有不明确性和模糊性，因而它们无法承受住逻辑分析的考验。然而，我们日常言语中的这种不可避免的内在缺陷，并不妨碍它们成为迈向科学概念的里程碑，因为正是从这些词中我们获得了对世界的第一客观理性认识。可见，卡西勒尔在认识到语言模糊性的同时，将其与科学概念相提并论，认为日常言语的词因其模糊性而经不起逻辑分析。尽管卡西勒尔的这一观点随着模糊数学的诞生而逐渐被摒弃，但其提出的日常言语中的词具有不明确性和模糊性这一特性为我们日后研究语言的模糊性提供了有利论据。

由此可见，西方的学者对语言模糊性的问题有过一定的思考，但是大多数都局限于对语言模糊性概念的界定，他们认为，模糊性是指语言中的词或词语的类属范围和界限不确定的属性，并没有对模糊语言进行系统化的研究。

直至1965年，在《模糊集》一文中美国控制论专家扎德开创了著名的模糊集合论，系统地阐释了事物的模糊性。扎德模糊集合论的实质是不赞成对事物一刀切的做法，认为在两个数值之间有无数区间值，有无数隶属度。事实上，所谓的"无数隶属度"就是指模糊区间。扎德模糊集合论的诞生为语言模糊性研究的理论化和系统化科学体系的形成奠定了基础。随后,学者们将模糊集合论运用于语言学的研究中,逐渐形成了以语言中的模糊现象为研究对象的一门新兴边缘学科,即模糊语言学。此后,西方学者们从不同角度对模糊语言进行了一系列系统化研究。

①语义学角度。美国语言学家莱考夫在其文章《模糊限制词:语义标准及模糊概念的逻辑》中将模糊集合论应用于语义学的研究中,而且在这一研究中,莱考夫在模糊集合论的基础上首先使用了模糊限制词这一词语,并详细分析了模糊逻辑和模糊限制词的语义特征。莱考夫认为,模糊逻辑,即语言真值的变化,非常适用于研究语言的模糊性;模糊限制词的语义界限具有模糊性。此外,在随后模糊语言的发展中,莱考夫首先提出的模糊限制词也得到了更广泛和更深层次的研究。英国语言学家肯普森在《语义理论》一书中对"歧义"和"模糊"这两个概念进行区别,并对模糊现象进行了具体分类。肯普森认为,歧义是指同音词和多义词;模糊现象具体分为四类,即指称模糊、语义的不确定性、缺乏确指和虚词模糊。

②语用学角度。澳大利亚语言学家伯恩斯在《模糊性:自然语言和连锁推理悖论研究》一书中以语用学为切入点探究了人类语言的模糊性,并阐明了语言模糊性的产生原因以及语言模糊和心理现象模糊相互之间的关系。伯恩斯认为,模糊性是语言固有的属性,并且它是有一定规律可以遵循的,其产生的原因主要有个人层次上的模糊和集体层次上的模糊,即个人对某一词语意义界限的不明确性和集体对某一词语意义的意见不一致性;语言是一种社会现象,除人的认识具有模糊性以外,人们的态度和信心也具有一定的模糊性,因此,在研究模糊语言时,要密切关注语言、语境、语用之间的关系。英国语言学家舍乃尔在其专著《模糊语言》中提及"模糊"这一概念,讨论了数量模糊和模糊范畴标志两种模糊词语,并且以实际语言材料为基础,从语用学的角度对模糊语言及其在交际中所具备的功能进行了分析。舍乃尔认为,模糊语言是客观存在的,对模糊语言的解释与其所在语境和推理息息相关。说话人采用模糊语言的原因是遵循合作原则,同时,说话人如果采用模糊语言,就也有可能违背合作原则。

③认知学角度。美国语言学家莱考夫在20世纪70年代将模糊集合论引入语义研究当中,并且对这一理论在语言学中的应用寄予厚望,但在20世纪80年代末莱考夫开始将研究重点转移到认知语言学上,并提出将模糊集合论用于认知语言学存在局限性。莱考夫认为,模糊集合论主要涉及一些可以度量的语义特征,在人们对语言的认知过程以及语境对语言的影响等方面没有提供较多的处理方

法。英国爱丁堡大学逻辑学教授威廉姆森在《模糊性》一书中从认知方面揭示了模糊性及其产生的原因。威廉姆森认为，模糊性是人类对客观世界还没有彻底了解的一种认知现象，人类知识的局限性和对概念界限认识的有限性是对语言模糊性存在的最好解释。

综上所述，西方许多学者都对语言的模糊性进行了一定的研究，但是自从模糊集合论诞生，模糊语言学才逐渐发展壮大起来，西方学者开始从语义学、语用学、认知学等不同角度对模糊语言进行系统化研究。

（二）国内研究情况

与国外相比，模糊理论在国内的起步稍晚一些。1979年伍铁平先生在《外国语》第4期上发表了《模糊语言初探》一文，向我国的语言学界介绍了模糊理论，并将它运用到汉语和外语的研究之中。自此，我国学者对模糊语言的研究不断深入，研究范围不断扩大，基本包括如下三个方面。

1. 对国外模糊语言学研究成果的介绍

张红深指出中国的模糊语言研究开始于对国外有关理论与方法的引介；伍铁平从《模糊语言初探》开始陆续发表了一系列文章向国内学者进行了模糊理论的介绍，他在《模糊语言再探》中将模糊语言研究与语言对比、语言类型学结合进行研究；何自然介绍了国外模糊限制语的分类研究；朱小美、张明从模糊理论与语言研究、自然语言、形式语言、认知、语用这五个方面对20世纪后期国外有关模糊语言学的研究进行简评；刘贺介绍了模糊语言学在国外的发展状况并且进行归纳总结。

2. 模糊语言学的理论研究

学者们关于国外理论的引介，引起了国内关于模糊语言学理论与方法的反思。吴涌涛在《模糊理论的若干问题》一文中探讨了什么是模糊性、语言结构内部的模糊性质和模糊词的分类、产生模糊性的根源这三个问题；陈新仁从语法系统的内部层次结构和结构生成这两个角度探讨了语法结构的模糊性；陈维振从胡塞尔的现象学的角度进行了范畴和语义模糊性的反思；范武邱提出了模糊语言研究中存在的几个问题并且提供了构建中国特色模糊语言学研究的思路。

3. 模糊语言学的应用研究

近年来模糊限制语应用的范围不断扩大，且研究数量增长较快，如：分析了模糊语言学与翻译的关系，探讨了模糊语言学对高校英语翻译教学的启示。李杰通过模糊语言学对网络语言现象进行解读；冯克江探讨了模糊语言学视角下的词典翻译；张静运用计算机对其构建的生物医学文献模糊限制语语料库进行模糊限制语的标注规则研究。

三、翻译中模糊语言的处理

英汉两种语言中均存在着大量的模糊语言。译者在翻译中处理模糊语言现象大致分两种情况：一是原作语言本身是模糊的，译文可以按照原文一样处理为模糊语言，留给读者回味和想象的空间；二是原文并不模糊，可是由于跨文化障碍，翻译时若不做任何处理，就有可能导致读者费解或误解，此时译者需要为读者创建积极的跨文化语境和认知语境，有效地传递原文的信息。模糊语言的处理直接关系到译文的质量和跨文化交际的成败，应该受到应有的重视。

跨文化翻译中，译者只要善于利用渗透在语言诸层面的模糊性，就能顺利地跨越诸如词语意义的模糊、形式结构和意义结构的错位、表达式的不确定、语法范畴界限的模糊等翻译过程中的障碍，成功地实现双语转换的意义对接。

由于语言之间的系统差异，译作与原作之间不可能达到完全的对等。译者应该充分利用语言的模糊性特征，使译文达到动态的、模糊的、有机的对等，而不是静态的、精确的、机械的对等。译者要根据原作所要传达的意图，在翻译过程中对语言进行灵活的转换，以使译文可以具有独立的价值，同时又与原作具有最佳关联，或能够产生大致相同的功能，从而达到交际目的。

（一）句意模糊现象及翻译处理

模糊语言的外延不确定、内涵无定指，在文本语料中，人物对话经常会出现句意模糊的现象，这会造成译者理解的困难，甚至造成误解，句意模糊现象也会带来翻译上的错误。

刘朝晖认为，"模糊性产生的根源不仅在于客体（符号的所指对象），不仅在于主体（符号的使用者），也不仅在于符号（语言）本身，而是主体和客体在语言中相互碰撞的结果，是三方面的特点同时决定的，不能只从单方面讨论模糊性"。在语篇中句意模糊性也是如此。

省略的技巧同样适用于交替传译，译员在保证对原文忠实的情况下，可根据情况适当省略一些不必要的信息，如发言者过于口语化的表达等，这也符合功能目的论的理论指导。无论是在汉语还是英语中，正确把握句意对于理解原文是十分重要的，对于原文中的句意理解错误，译文可能就会和原文的意思大相径庭了。

而有些情况下，特别是在口语表达之中，有一些成分没有实际的含义，只是赘余的成分，如果译者拘泥于原文，一字一眼地翻译出来就不符合目的论的目的性原则和连贯性原则。

【示例】第二个就是等他看有没有哪个医生有这个胆量去做。

译文：The second thing is that we have to wait to see whether there is a doctor have courage to do.

这句话是一段医生之间的对话，还是口语化表达，在这里宾语"他"内涵无定指，属于指代词模糊现象。为了让听众能够顺利地理解原文，这里依旧需要利用目的论中的连贯原则，结合上下文，理解这个宾语所指的含义。通过分析上下文我们可以知道这里的"他"其实就是一种口语表达，没有真正的含义，口译时直接省译就可以了。所以应该翻译成："The second thing is that we have to see whether there is a doctor have courage to do the operation."这样译文更加连贯，听众就能无障碍地理解译文了。

在语料翻译过程中发现语句中大多数成分还是有他特定的含义的，但是有一些表意不明，比较模糊，这个时候，通过上下文的理解灵活运用增译法就能解决很多问题。

【示例】30床（血氧饱和指数）怎么89了，不行，30床护士赶紧先过来。

译文：Why does Bed 30 has turned to 89? That is the trouble. The nurse of Bed 30 come here right now.

在医院里时时刻刻都会有紧急情况发生，遇到紧急情况，所有人难免都会手忙脚乱。这句话是医生看了30床病人的病情之后在紧急情况下说出的话，所以这个句子本身就是不完整的。这里的30床经过字幕的提示，我们知道其实指的是30床病人的血氧饱和指数，涉及一个医学专有名词。这里也属于指代词模糊现象，简单的是我们可以通过字幕确定模糊指代词真正的含义。这个句子完整的意思是"30床的血氧饱和指数怎么89了，不行，30床护士赶紧先过来"，所以最后我们应该翻译成："Why does the oxygen saturation index of bed 30 has turned to 89？That is the trouble. The nurse of bed 30come here right now."。

【示例】我是这样想的啊，因为你放在这里，现在始终是这个样子的话，到时候结果大家都知道，对不对？

译　文：I think if you put it here, and it stays this way, everyone will know the outcome by then, right?

这段话是一段医生之间的对话，比较口语化，语速较快。"因为你放在这里，现在始终是这个样子的话"这句话的内涵不确定，把什么放在这里？句意模糊，容易造成歧义和误解。通过对上下文的理解我们可以知道"这个样子"在这里其实是指不对病人采取任何的治疗措施。目的论的连贯性原则要求译文做到语内连贯和语际连贯，语际连贯方面要求译语必须符合源语的意思，尤其是在处理源语中的某些具有意义形象的词语时，常常通过意译法进行翻译，以达到让译语受众理解译语的目的。意译法良好地体现了目的论连贯性原则的指导作用，同时也遵循了目的论的目的性原则和忠实性原则。那么此时，对于上下文语境的理解就显得尤为重要了。因为此处是在讨论病人的病情，所以这个句子的完整意思应该是"如果我们把病人放在这里不采取措施的话"。这里把这两个短句合成一个句子翻译会更加简洁流畅而且易于理解，更加符合目的论连贯性原则要求。所以应该采取意译的方法，翻译成"I think we leave him here and do not take any measures"。

在目的论的框架下，针对词组型术语的翻译，为了完整表达其意义，译员可以选择更多的翻译方法，而非简单的直接翻译。不管采用何种方法，其目的都是能够最大限度地实现源语发出者的交际目的，从而最终实现翻译目的。

（二）模糊限制语现象及翻译处理

模糊限制语是模糊语言学中的一个重要成员，是我们在自然语言中最普遍、最典型的模糊语言。莱考夫于1972年最早提出了模糊限制语，他指出模糊限制语就是"把事物弄得模模糊糊的词语"。从语义学的角度对模糊限制语进行定义，它是指"在某种条件下可以部分地改变话题真值程度的分词、词或词组"；从说话者的角度将模糊限制语定义为"模糊限制语是指示说话人对话语中的命题是否缺乏信心的指示标志语"。余乐认为模糊限制语是对话语进行了注释，说话者使用模糊限制语能够起到帮助人们更好地进行沟通交流的作用。模糊限制语是那些表示不确定概念或限定条件的词语，可以使句子变得模糊。模糊限制语为直接限定命题内容，即直接评价命题的态度、认知或证据方面的状态。

我国学者于20世纪80年代开始关注并研究模糊限制语，从外语学界开始，逐步扩展到汉语研究中，从理论语言学领域逐步向自然语言处理领域发展。伍铁平研究了模糊限制语的特殊功能。他指出，模糊限制语既可以修饰模糊词，又可以修饰精确词。当模糊限制语修饰精确词的时候，原话语义就变得模糊了。张乔在伍铁平的研究基础上，认为模糊限制语可以很大程度上改变话题，使其精确语义模糊化；还可以调整模糊语义隶属度，使模糊语义在量上发生改变，增强或降低语义程度。杨慧玲认为除词汇形式之外，句法形式和话语形式也可以起到模糊限制的作用。苏远连将模糊限制语定义为限制模糊词语的模糊程度或使精确词语变模糊的词语。黎千驹根据模糊限制语的特点将其定义为"模糊限制语是指对某个模糊中心词进行修饰改变其模糊程度，或者对某个明晰中心词或明晰命题进行修饰限制而使明晰词语或明晰命题变得模糊的词语"。虽然模糊限制语尚未形成明确的界定，不同学者有着不同的看法，但是毋庸置疑的是关于模糊限制语的研究正在不断丰富。

模糊是自然语言的根本属性，大量的模糊语言存在于言语交际中。模糊限制语是模糊语言的典型表现，是语言学家不可回避的语言现象。美国控制论专家扎德在1965年提出了"模糊集"理论，主要研究语言的模糊性。1972年，美国生成语义学家乔治·莱考夫首次将模糊限制语定义为"把事物弄得更加模糊或更不模糊的词"。由于研究方法及角度的不同，不同的研究者对模糊限制语的分类也不尽相同，其中最具影响力、为学界广泛接受的当属普林斯对模糊限制语的分类。1982年，普林斯及其同事按是否改变命题的真值条件，将模糊限制语分为两类：变动型和缓和型。前者可以改变话语的真值条件，而后者只是体现说话者对说话内容的态度，而不会改变话题内容。

变动型模糊限制语属于语义范畴，指改变话语原意，或对原来的话语意义做某种程度的修正，包括程度变动语和范围变动语。英语中的程度变动语包括relatively、certain、slightly、sort of、somewhat、really、almost、quite、entirely、a little bit、some 等；范围变动语有 approximately、about、something between X and Y 等。汉语中类似的程度变动语包括"有点、有几分、一些、稍微、在某种程度上、较、一定的、略微"等；范围变动语有"大约、大概、近、接近于、介于X和Y之间、左右、最多、至少"等。

缓和型模糊限制语属于语用范畴，指说话者遵循合作原则和礼貌原则，使话语委婉、缓和、含蓄的表达方式，可分为直接缓和语和间接缓和语。英语中的直接缓和语包括"I think、probably、as far as I can tell、seem、wonder、hard to say"等；间接缓和语有"presumably、(sb.)says that"等。汉语中类似的直接缓和语包括"我认为、据我所知、似乎是、想知道、很难说"等；间接缓和语有"据她估计、大概是、（某人）说"等。

（三）语法结构模糊现象及翻译处理

从某种意义上说，语法可以认为是一个模糊的系统，因为经常没有明显的界定来区分类别和结构。主语、谓语、宾语、补语和状语是英语句子的一般构成成分。谓语动词是所有成分中最核心的部分，约束和影响着句子的其他成分，在句子中是不可或缺的。通常来说，宾语、补语和状语这些成分跟谓语相比界限比较明显，它们通常放置在谓语之后，充当外缘成分。同样的短语既可以充当谓语之后的宾语，也可以作为谓语之后的补语或状语。比如，名词短语或名词性成分可以充当宾语成分，名词短语、名词性分句、形容词或介词短语可以充当补语，而名词、形容词、副词短语以及介词短语或状语从句可以充当状语。由此看出，宾语、补语和状语都可以由名词短语来充当，补语和状语都可以由介词短语来充当，补语和状语都可以由形容词短语来充当，而且，人们也是根据相应的标准规则来定义宾语、补语和状语的含义。尤其是同一短语放置在一些谓语动词后面，既满足充当宾语的条件，同时也满足充当补语或状语的成分时，这时宾语、补语和状语三者之间的类别界限就趋向模糊性。例如，be+v.ed 在某些句子中可以被理解为被动语态，在另一些句子中又可以充当"系补"结构。一般来说，表动作是因为被动语态具有动词的特点；表状态是因为"系补"结构具有形容词的特点。但有时 be+v.ed 结构具有模糊性，是因为此时同时具有被动语态表动作的特征，也有系补结构表状态的特征。

【示例】Video call is OK, wait a minute, I walk you there.

译文：视频可以的，你等等啊。我给你走过去好吧？

这个句子是口语化表达，完全没有符合逻辑的语法结构，如果按照源语的结构进行翻译，就会像上面译文一样不符合译入语的表达习惯。这种情况下只能对原来的句子结构进行转换，经过自己的理解和对句子的重新加工之后再进行翻译。通过联系上下文，我们知道这里是家人给病患打来电话，想要和家属进行视频通话，医生接起了电话，所以我们应该翻译成："你可以打视频电话，等等啊，我把电话递过去。"

语法结构模糊现象在口译过程中会给译者带来很多困难，包括源语的理解还有译入语的处理。这时我们要用到目的论理解源语的意思，不能刻意死板地理解句子的语法结构，而是要始终坚持目的论的三原则，在联系上下文之后分析出源语想要表达的意思。转换法和融合法比较适合处理语法结构模糊的问题。

在翻译表达中有很多语法结构比较模糊，字数多，但信息量并不大，如果生硬地字字对译，译文质量就大打折扣，更不易于听众理解接受，这也不符合目的论的目的性原则。融合法可以将原文信息加以融合，使之更加凝练地译出。

【示例】If you can not cure the leg just cure the lung and take off the ventilator, how would he feel seeing the leg? We should take the pain of his gangrenous leg into long-term consideration and think about what we can do for him when hc wakes up.

初译：如果这条腿不能处理，你拔了呼吸机，解决了他的肺，他醒过来看见他这条腿这个样子，包括这条坏疽腿的一个疼痛，可能要考虑更长远，我们让他醒过来之后我们能做什么。

改译：如果他的腿治不好，只是治好了他的肺，那拔了呼吸机，他醒了之后会是什么感受？我们对于他腿的疼痛要考虑得更长远，想一想他醒来之后我们能做些什么。

初译中句子语法杂乱无章、结构模糊、字数很多，我们可以把源语稍加整合，整合之后就变成改译中的翻译，这样结构就比较清晰，翻译时也比较简单，同时译入语也能够被受众所接受，符合目的论连贯性原则的要求。

第三章　中西方文化差异与翻译

每个国家都有自己独特的文化，而在不同的文化背景之下所诞生的语言也具有差异，文化差异必然会给翻译带来极大的影响。

第一节　思维方式差异与翻译

一、中西思维方式的差异

（一）直觉思维和逻辑思维

1. 汉语中的直觉与逻辑

"直觉"是中国人的一种传统思维方法，它是从日语"直观"转换而来的，通常被简单地与感觉经验相提并论，或者仅仅当作一种概念，未经分析就加以运用，因此人们对直觉的认识大多是描述性的。直觉一般被看作一种思考的过程，指没有经过逻辑推理，直接看到了事情的实质。

另外，直觉又是一种超越理性和经验的东西，可以绕过逻辑思维，直接进入事实之中，因此，我们常常只能够描述自己的思维形式。禅宗以"不立文字""直指人心"的明悟法将直觉思维发展到了一个新的高度，主张要抛弃一切观念的框框，跳出时间与逻辑的限制，进入完全的自发状态，从而真正地超越本体，获得对事物本质的认知。汉语的语言在直觉思维的影响下具有以下特点。

第一，尽管汉字最初只是一种象形文字，但不久就变成了一种有目的性的文字。换句话说，语言不断地在一般性的观念中活跃，而感性的意象和抽象的观念总是互相渗透，构成一个不可分割的整体。要理解它的意义，就得摆脱"名"，"重谓轻名"是汉语的一个特征，而"谓"中的"实"（意）就是它要表现的。过分注重"名"，则不可避免地会产生"以言害意"的现象。《庄子·则阳》说："有名有实，是物之居；无名无实，在物之虚。可意可言，言而愈疏。"因此，汉语的一个明显特征就是言简意赅，尽可能地用最少的语言来传达"意在言外"，即"钩深索隐"。

第二，汉语的表达方式难以从其是否有效的角度来考虑，而要依赖于"心感而意"。何晏在《无名论》中试图论证"无名"是圣人的至高境界，而"道"则是无法与之相提并论的。他说："夫道者，唯无所有者也。""道"是万物的根本，与其他的物质都不一样，它是抽象的、超越的、"无所有"的存在，"道本无名"的"道"究竟能不能说，唯一的办法就是承认，语言本身必须适应"道"，也就是有一个比概念更早的语言维度，"道"就是通过这个维度来告诉我们自己的。所以，"道"与"言"是一种互相影响的关系，而这种关系要靠直觉才能发挥作用。

中国古代的诗歌充满了直觉的本质。比如，"春风又绿江南岸"里的"绿"，就是把江南春日里的无穷美的意境收入囊中。下一句"明月何时照我还"则充满了诗人忧郁、伤感的情绪，充满了对故乡的思念。唯有置身其中，方能发现情景交融之处，并将之融入精练的语言之中。同时，主客交融的诗篇也为读者提供了一个很开阔的解读空间，读者要通过自己的直觉去感受到作者在那个时代所要传达的真正的感情。因此，直觉也是一种"揭蔽"的过程，让那些被语言掩盖的"美"变得更加明显。

就汉语的逻辑来说，中国人善于用直觉思考，逻辑思维是汉语语言中的潜意识，所以汉语的表达方式并不适合以下定义的方式呈现对事物的认识。更确切地说，汉语逻辑是一种隐含逻辑，例如，"取象比类"是一种比较松散的逻辑，它是指从一件东西的某些特征出发，推断出这件东西的同类。在取象比类中，主体和喻体的两端是不存在类属关系的，也就是说，这种横向思考没有"类"的束缚，而是强调了二者的联系，它们可以超越大量的范畴和知识，在形式上，通过大量的联想找到"象"，使两个物体"关系同构"，使物体的基本特性成为实体。

第三，汉语逻辑体现在辩证思维模式中，强调对立面和反面的关系。另外，对联作为中国古代文学的一种形态，也包含了一种互相独立、互相依赖的辩证思维的色彩。中国古人的对子之妙在于，可以用同类、相关或相对的概念按照上联的内容对出下联，整幅对联的字数一样、结构一样、平仄对等、内容对称，既保持了其本身的意义独立性，也构成了整个对联的语义。

总的来说，直觉在汉语的表达中起着重要的作用，汉语的表现形式常常不"循规蹈矩"，相反，它具有很大的灵活性。在同一章中，一个名词、一个概念常常指的是不同的意思，却不加以适当的解释。换句话说，汉语的表达常常不依赖准确的命名、单一的对应和对错的判断，而通过词语的导入，创造了一种新的认识视野，它的表现形式不是"纯无"，也不是"纯有"，也就是说，它并不注重以本质为中心的直言命题或判断,而只是一种介于二者之间的过渡地带的演绎形式。比如《道德经》五千字无一不在"道其所不可道，言其所不可言"。只不过，这种"道"不是以逻辑思维中常采用的下定义的方式道其所道，而是通过"言"表达对"道"中之意的体悟。

2. 英语中的直觉与逻辑

逻辑思维是一门以概念、判断、推理、分析、例证、实证等理性方法来学习和理解事物的本质与法则，并对思维形态和法则进行研究。汉族人注重直觉，英美人注重逻辑。形式逻辑在中世纪和以后的西方哲学与自然科学中都有着深远的影响。15世纪后半期，自然科学的发展对自然界进行了分类和剖析，并逐步推动了形式分析的思维方式。

西方人的直觉和中国人的直觉是有区别的。在哲学中，直觉常常被看作一种与生俱来的力量，它不需要任何感官的帮助，也不需要任何的思考和讨论，就可以看到。或者说，它就是"看见"不能证明的事实。其实，在西方哲学中，直觉究竟是什么，一直没有一个清晰的结论。美国有学者提出，不能把直觉和知觉模型相提并论，不应该只把它看作语言和概念能力的产物。直觉可以指导推理或理论构想的行为的发生，是对某一命题理解的释放。因此，它可以作为一种理性的功能，在认识上是有价值的。还有一些学者则认为，理性的含义是，我们至少可以把握到与思维无关的事物实体的本质。

现在，人们普遍认为，直觉是不理性的，至少不能用逻辑来解释，因为它缺乏西方传统哲学所主张的"理"，也就是所有的知识的基础。清楚的语言表述往往与某种合理的源头相对应，若这种源头含糊不清，即没有因果联系，则没有确凿的证据性。有学者认为，"当哲学家无力再去论证时，往往会诉诸直觉"，或者依赖于某些直接的、自发的、对命题的真伪的感知。因而，直觉的正确性与科学性在西方哲学中历来备受争议。

英语的直觉通常被视为对特定语言的词汇和用法做出的即时判断，是一种模糊的"前判断"能力。它作用于语言背后，监控和修正语言的选择，使言语的输出具有可接受性，因而，通常被看作元语言的范畴，它会在潜意识里指导和控制大脑根据某种可能的方式进行选择和输出。

英语逻辑具有形式逻辑的基本特点,它是一种主要沿着性质或本质方向发展起来的纵向逻辑。具体地说,英语语言表达的主要目的就是要对逻辑理论中的直言性命题做出判断。所谓直言命题就是指直接陈述对象有无某种性质的命题,其具体现象或形式就是"是什么"或"不是什么",即肯定命题或否定命题。"是什么"的问题实际上涉及概念问题,而要给出清晰准确的概念需要依赖定义。与此同时,"是什么"的问题与推理也密切相关。当将两个相关的命题结合在一起加以使用时,便有可能推出新的命题,这对于知识的扩张具有重要意义。

清晰、准确、有序的英语表达是逻辑思维同一律、矛盾律和排中律的体现。英语的表述实际上是关于两个概念是否一致的断言,而每一种逻辑判断都可以被视为一种公式,没有任何中间的界限。这样的断言是在一个论点的基础上发展的,也就是把某些想法联系在一起。

总之,英语的逻辑思维发展了一种能够条理清晰地表达自己想法的能力。思维和语言的关系决定了逻辑思考对于客观事物的精确、有序的追求必然会产生相应的思考过程。在英语中表现为"非此即彼"的肯定或否定的判断,因而,英语中的"纯无"和"纯有"的表述对英语母语者来说是含糊和难以接受的。

(二)抽象思维和具象思维

1. 汉民族重具象思维,英美人偏抽象思维

中国古代人十分重视"象"的具体表现,在思维和认知的过程中,以感觉、知觉、表象为基础,习惯于以形象思考,注重直观经验。在认知的过程中,常常用表象替代概念,进行类比推理,从一般的、本质的、必然性的属性中去理解事物,而把个别的、非本质的、偶然的、感性的属性抛到一边。

亚里士多德在《范畴篇》中对语词进行了归类,抽象归纳了印欧语的句子,归纳出了主语和谓语的结构。在公元前5世纪,希腊就有了对语言本质的认识。特拉克思的《读写技巧》是一本具有重要意义的古典文论,它的文法研究显示出西方人更擅长抽象思考。

2. 具象和抽象思维与汉英语言特征

受具象思维的影响,汉语在运用"实""明""直""形""象"等表述方式时,往往把"虚"的概念用"实"表示出来,把抽象的内容用具体的意象表现出来,用语义连贯替代形式的衔接,但是可以从语言的逻辑关系和语境中"悟"出来。在古诗词中,具体形象词被大量使用。

（三）意会思维与建构思维

1. 汉语中的意会

"意会"是指整体性，并非以论题的形式被明确地把握，它强调理解和认识的情境性。中国古人强调"言之无文，行而不远"，而要做到这一点，古人习惯通过诗词、寓言等形式，不诉诸语义上的推理和论证，而是借助意境的营造来表达意义。例如，老子把"道"描述为"道之为物，惟恍惟惚。惚兮恍兮，其中有象；恍兮惚兮，其中有物。窈兮冥兮，其中有精，其精其真，其中有信"，就是说，"道"对于人，若明若暗，若有若无，难以用语言文字规定。中国古人喜用诗化的手法来解释深刻的道理，虽没有理性论述或逻辑规定来得清楚明了，但与逻辑规定所揭示的内容相比，它显得更丰富，也更能启发人的智慧联想。所以，"意会"本身是一种理解上的超越，在语言创造的意境中，经过提炼与扬弃，达到前所未有的顿悟，从而实现认识上的飞跃。

汉语中的"意会"具体表现为"不著一字，尽得风流"，"不著一字"并不是指不写一字，而是说，一要体会诗中所用的字不能表达出的韵味；二要超越文字去体会诗中的字的含义。就是说，读诗不能局限于文字，即"诗无达诂"。同时，诗的创作虽然不能离开文字，但诗人同样要能够创造"象外之意"和"韵外之致"，充分发挥文字的象征性、暗示性。"不著一字，尽得风流"恰恰是指这种象征与暗示的无限性，使人展开广阔无垠的思维时空。"意会"是"尽得风流"的最终结果，在直观体验中体味"意"的妙处，到达人们常说的"心领神会""意犹未尽"的自由境界中。这种境界首先是一个共享的视角，也与个人的视角有关。在海德格尔看来，共享的视角是一种与他人相关的存在，通过与他人共享的不同视角转换来理解事物，使理解成为可能，最终实现对共享世界的约定式的理解，而这种共享世界又同时存在于个人的心境中。心境决定了我们在共享世界中的个人视角，即个人以何种方式去看待和理解共享世界，并在"意会"的情境中保持着理解的开放性，中国人常说的"仁者见仁、智者见智"就是这个意思。

2. 英语中的建构

与在"交融"中体味汉语营造出的意境不同，英语则是要与现实"划清界限"，从而使现实清晰显现，划分的结果就是在英语语言中建构起完整的对现实的反映体系或者说结构。正如索绪尔所言："若不是通过语词表达，我们的思想只是一团不定型的、模糊不清的浑然之物……在语言出现之前，一切都是模糊不清的。"

可见，英语中建构的含义就是把现实赋予结构化的特征，像拉康所说"语言之外无结构"，从而使现实能够显现出来。

从整体性上讲，英语的建构也是一个解构的过程。无论是建构还是解构，都必然要将其结构的内在成分或构成要素切分。切分的结果是，在英语中，每一个语词都具有相应的功能名称，即句子的构成要素。它们在语句结构中各司其职，在其共同作用下完成对语句的整体建构。不同句子成分的确定取决于其在整个语句中的位置及其发挥的作用，即对被切分所得的直接组成成分之间在语法上是什么样的关系进行"定性"，也就是索绪尔讲的"价值"。这一特点与列维-斯特劳斯结构主义方法论特征相符合。后者认为世界是有机的结构，由各种关系构成，而承载这些关系的是多个不同的要素，在任何既定的情境里，某个要素的本质就其本身而言是没有意义的，它的意义实际上由它和既定情境中其他要素的关系所决定，当某个要素发生变化时，都会引发其他要素的变化。换言之，英语语句结构具有"牵一发而动全身"的整体性特点。

可转化的特性是指任何一种结构的不同部分都能够按照某种规则互相替代或转化。所有已知的结构，如人称、句型、时态、语态等，都有系统的转化。英语语言体系就是依靠这种转化法则来维持其恒定，并使其自身不断丰富的，但这也就意味着英语的结构并非一成不变的，它是一个不断变动的整体。

英语结构具有自身调节性，主要是指结构中发生的一系列转换都是在结构内部进行的，不会超出它的领域之外，而且由转换产生的新因素也总是属于这个结构的，并且遵守那些支配这个转换系统的规则。因为"结构本身有界限，只要是在结构内的因素就不会超出结构的边界，而只会产生属于这个结构并保存该结构的规律的成分"，这就意味着英语结构的自身调节性具有守恒性和封闭性的特征。前者表现为任何英语结构都能通过自身调节来保持其稳定性，它本身就是一个按一定规律进行自我调节以保持稳定的体系。英语结构的封闭性表现为结构在变换中总是保持它原有的界限，在理解英语结构时无需求助任何外界的因素，只需掌握基础且根本的建构原则即可。然而，英语结构的封闭性只是相对的，而不是绝对的，因为一个结构可以加入另一个较大的结构之中，而成为后者的一个子结构。例如，当一个简单句融入一个从句结构中，这个简单句的结构并没有因此而失去它原有的界限，依然保持自身的守恒性与稳定性。这就是说，结构一方面保持自身的相对独立性，另一方面又可以与另一个较大的结构结成联盟，从而丰富自己。

综上所述，英语的建构有赖于结构的严格性，因此，可以更精确地分析英语的结构层面是由什么构成的，为什么它们会联合起来，如何相互作用，如何互动，这一切都反映出英语表达在建构过程中的逻辑必然，这就是列维-斯特劳斯所谓的"超越经验"的"深远实在"，是"投射"与现实背后的"普遍性"和稳定关系，它在千变万化的语句建构中发挥着建筑师的作用。

二、思维方式差异对翻译的影响

西方民族往往更喜欢直截了当地表达自己的思想，自己的意愿往往首先提出，而汉语民族则往往喜欢将重头戏放在后面。这种差异常体现在句式结构上，英语多为前重心，头短尾长；汉语则多为后重心，头大尾小。如英语句子"Mr. King had an accident when he was driving to work."，将重点"出车祸"放在开头直接交代；汉语则把重点 have an accident 置后："金先生在开车上班时出了车祸。"

英语重形合，汉语重意合。英语注重运用丰富的语法组合手段（如连接词、词缀、词形变化、指代词、被动语态等）来体现分句之间的依附或从属关系的结构，注重句子形式，注重结构完整，以形显义。汉语句子不是靠各种语法成分连接在一起的，而是靠语义或逻辑捆绑在一起的，主要依赖意义的内在衔接，形成一种隐约的意义脉络，不求形式上的完整，只求达意，以神统形。一个简单的例子便能很好地说明这点：国际快餐业巨头麦当劳那句脍炙人口的广告语"I'm loving it!"在中国被翻译为"我就喜欢"。在英语原句里，作为宾语的"it"必不可少，如果少了，就是一个错句，就违背了"形合"原则，而汉语译文中与"it"相对应的"它"字必须隐去，以求达意，以神统形。如果翻译为"我就喜欢它"，反倒不符合汉语习惯的表达方法，还可能引起歧义。还有，中国人一般注重观察具体的事物，由比较抽象的东西来限制、修饰比较具体的东西，而英语文化的观察重心往往是抽象的。

西方国家与中国之间，由于思维方式的不同，人们认识事物的出发点也不一样，各自语言的表达习惯也不一样。例如，中国人习惯说"四方"为"东西南北"或"东南西北"，英国人却习惯说"four cardinal points: north, south, east and west"。

第二节 地域文化差异与翻译

一、中西地域文化的差异

（一）传统文化方面

1. 中国传统文化的四个维度

首先，每一种文化都要探讨人的本性，对人性的认识也是区分不同文化的重要依据。在中国的思想史上，人性本善和人性本恶的观点都出现过。战国初期，孔子的再传弟子世硕最早提出对人性善恶的看法，孟子认为人的本性为善，"恻隐、羞恶、恭敬、是非"这"四心"是人生来就具有的，而荀子则主张"性恶"论，提出"人之性恶，其善者伪也"的观点。汉代董仲舒发展了人性论，将人性分为三等："圣人之性""中民之性"和"斗筲之性"。大多数人属于"中民"，其特征是"有善质，而未能善"，需通过教化使其向善。宋代的理学家则将人性的本质定为"至善"，性善说从此成为统治阶级正统法定的人性论。

其次，从人与自然的关系维度来看，中国地域辽阔、气候宜人，中国的文化以农耕文化为基础，所以中国的文化天生就抱着顺应自然、敬畏自然的心态，崇尚天人合一，这也造就了中华民族的中庸之气。中国人的宇宙观也是以人间为映照的，人间与神界、世俗与神圣是相互感应的。

再次，在人与人的关系维度上，中国传统文化中的道德伦理本就是由各种社会关系来定义的，家庭、族群、社会都有严格的秩序。儒家所推崇的"仁""三从四德""三纲五常"都是道德伦理思想的体现。费孝通在《乡土中国》中提出，中国乡土社会的基层结构是一种"差序格局"，这与西洋的"团体格局"不同。差序格局的社会关系是逐渐从个人向外推的，社会范围是一个由私人联系所构成的网络，因此，传统社会里所有的社会道德也只在私人联系中发生意义。

最后，从时间取向的维度看，受"天人合一""道德规范"等因素的影响，中国文化具有"现世"的精神，在时间的取向上更注重过去和现在。孔子在谈到死亡时说："未知生，焉知死？"在佛教传入中国以前，世人都以为现世的世界是最美好的地方，所以"知足常乐"，并不需要担心自己的死亡。中国传统文化还具有"厚古薄今"的特征,孔子曾说:"周监于二代,郁郁乎文哉,吾从周",主张周礼的复兴。许倬云认为,中国人的人生观念是把生与死联系在一起,把个人的生命融入集体的生活之中,从而达到超越个人的境界。

2. 西方传统文化的四个维度

首先,在人性维度上,近代西方伦理学家大多主张人性是自私的,强调人趋利避害的动物性本能。美国有学者提出 X 理论,即基于"经济人"的人性假设,将人性假设为厌恶工作、逃避责任的理论,因此西方管理具有"防范性"的特点。

其次,在人与自然的维度上,由于西方文化的发源地在古希腊,而古希腊地理环境多山靠海,不适宜农业耕种,需要向外求索,到海上讨生活。海上航行瞬息万变,自然环境就成了他们抗争的对象,因此西方文化初始就将人与自然割裂开来,形成了具有独立意识、怀疑批判意识和挑战意识的民族性格。这种人与自然的二分法促成了知识与科学的发展,人类越发展,就越觉得自然是可以被征服的。

再次,在人与人的关系维度上,西方文化倾向于个体主义,从个体的视角来界定外在的社会联系,而不是以中国的社会联系来界定个体。从名字顺序来看,西方人把名字放在前,姓氏在后;中国是反过来的,把姓氏放在前面,名字放在后面。荷兰管理学家霍夫斯泰德所做的文化维度定量研究中,美国人在个人主义这一项的成绩上得到了 92 分,中国人却只得到了 29 分,这也充分表明了美国人崇尚个人主义。在西方,家庭关系、集体组织、社会等级等方面都没有中国那么紧密和稳定,而是呈现出一种松散的特点。但是,这种概括并不完全严谨,比如有些欧洲国家如意大利和希腊的家庭关系也很密切。

最后,在时间取向上,西方文化趋向于无限。哲学上,西方学者认为现阶段的人不是最理想的,人必须被超越,提出了"超人类"的构想。创新、冒险、挑战精神和抽象、思辨的思维方式使得人们能够跳出现世的世界,去思考更远的未来和更广阔的宇宙。

3. 中西传统文化四个维度的比较

综合前两点的内容,在传统文化的四个维度上中西方的区别在于:在对人性的认识上,中国以性善论为主导,主张以德服人,西方以性恶论为主导,管理具有防范性特点。在人与自然的关系上,中国的天人合一与西方的主客二元观念截然相反。中国文化的自然观使得我们的农业文明高度发展,西方的自然观促进了科学的产生与发展,但同时也造成了对自然无节制的索取。在人与人的关系上,农耕文明的特点使得中国发展出了紧密联系的社会伦理秩序。儒家文化具有地理依赖性，流动性弱，有别于基督教等西方宗教以心灵皈依为主的传播方式，儒家伦理的载体是一种表达伦理意涵的人际关系结构；而欧洲具有地理破碎性的特点，流动性强，形成了以个体为中心的松散社会网络。在看待时间的取向上，中国文化更看重过去与现在，而西方文化更看重现在与将来。这些传统文化的要素在不同的历史阶段都体现在了文化遗产这一载体当中。

季羡林认为，文化与文明的起源是多元的，并不断发展，成为传统文化，这就是文化的民族性。一个民族创造了文化，同时在发展过程中又必然接受别的民族文化，进行文化交流，这就是文化的时代性。民族性与时代性有矛盾，但又具有统一性，缺一不可。中西文化各具优势，也都有弱点，现代社会是一个世界高度连接的社会，不同文化的交流与碰撞也让人们更清楚地看到这些差异，彼此借鉴，相互配合，以期解决全球性问题，共同面向更好的未来。

（二）家庭文化方面

文化是特定历史条件的具体产物。自然、经济、政治条件的差异，必然导致迥异的中西方家庭文化。西方文化建立在原子式的个人基础上，强调个体的价值和感受，以契约关系为基础强调个体理性，属于夫妻为本位的家庭文化。中国家庭建立在关系本位的基础上，血缘伦理是基础，注重在关系中的等级，强调集体利益，家庭关系以父子关系为本位。通过比较可以看出，中西方家庭文化在婚姻家庭、夫妻关系、子女教育、家庭伦理、婚恋观念、价值取向、人性基础等方面存在不同。

1. 价值导向差异

"家庭本位"即以家庭为本的观念，把家作为做事的参照点，以家为圆心，向外扩散，一切活动围绕"家"来展开。中国的"家本位"以儒家思想为主要推动力，逐渐形成社会传统中占主导地位的家本位文化。"家本位"延伸为"家庭本位"和"家族本位"，整个家族的责任和义务需要所有的家庭成员来共同承担，这种关系所承载的文化也带有了家本位的色彩，典型的如"光宗耀祖""光耀门楣"等。"个人本位"即"个人主义"，强调个人自由、个人利益，强调自我支配，不受外来的约束和控制，反对权威对个人的各种支配。个人主义是资产阶级反对封建主义的思想武器，个人主义并不等于利己主义，而是将包括自己在内的每个个体视为最高价值。

一方水土养一方人，中西方生活方式和文化的差异造就各自家庭文化取向上的差异。西方海洋文明塑造了西方人理性、勇敢、独立的个性精神,生活方式多迁移变化,商业文明突出,许多学者称之为个体本位。中国则是黄河文明,共居,累世耕种土地,农耕文明发达,注重"安土重迁",强调氏族家庭的集体精神。关于中西方差异,梁漱溟先生态度中肯客观,他在《中国文化要义》中指出:"盖凡生物所显示,皆为一种活动的趋势或方向,但有相对之偏胜,而无绝对的然否。要划一条界,是划不出来的。"因而,只能从主导价值取向上看,西方家庭较重视个体本位,中国更注重以家庭群体为本位。

中国自古是聚族而居,过着世代农耕的生活。适宜的气候、充足的水源灌溉系统,加上肥沃的土地是人们共同生活的最好的自然条件。群居的生活、共同的劳动、劳动成果的共享产生出繁盛的集体文化,也产生出最早的群体价值理念。个人依赖群体、享有群体,群体概念是人们对社会的最早认知,它经过氏族、家族,最后是个体家庭的自我发展和觉醒过程。在这一过程中,个人将自己融入群体中,群体是大写的"我",大写的"我"就是群体。家庭、社会、国家的命运也就是个体小我的命运。因而,传统的中国人重视群体的概念,而相对弱化个体的概念,在与社会发生关系的过程中,在价值取向中以家庭为本位。

家庭是群体概念中最小的组织单位,是一个生产、生活的共同体。家庭成员都将自己与家庭紧密地捆绑起来,将家庭放在重要的位置。传统的家庭将成员往往分为两个级别,即家长和家属。家长拥有组织家属进行生产,为家属制定规则,支配家属命运的权力。中国"君为臣纲,父为子纲,夫为妇纲"的思想直接反映了传统社会中的等级关系。家长遵循整个社会文化制定具体的家庭内部礼仪规矩,也就是"家规"来严格约束家属的行为,督促家属承担自己的义务。如有违逆者,家长将行使管理权力,可以给予违逆者身体上或者精神上的惩罚。

对中国人而言,家既是个人生命的源头,也是人生成长的避风港,同时家还是道德规范的承载者。因此,中国的家庭文化注重的是家庭成员的责任,即家庭的整体责任,个人服从整个家庭的利益,把个人融入整个家庭之中,这是一种秩序的混乱,是对物性人格的肯定、对个体人格的否定,其本质不过是将个体人格交付给另一个人格而已。

西方的家族文化却是大不相同的。地理、气候等自然条件的综合影响,使得西部地区的海上交通发达,商贸文化蓬勃发展。浓厚的商业氛围造就了西方国家对个人权利的高度关注,对财产所有权的注重,对理性价值观的强调。人身依附关系日益减弱,个人的理性与力量却在不断增强。

在商业趋利的影响下,西方人为求商机和拓展空间,往往要处于迁徙的生产方式中,没有中国的累世定居的生活方式。商业的自由本性和逐利性质使得西方人更加注重个体的理性,注重自身的价值,注重契约精神和自由意志,而相对淡化亲情熟人关系,强调对规则和秩序的建设。西方并不是不要亲情文化,只是西方人的亲情文化是一种理性的伦理关系,更加注重个体权利,而不是感性地将血缘关系作为社会的核心,一味地唯家庭亲人至上。同时个体为本位的西方家庭文化也加强了个体的自我意识,因而在西方婚姻家庭关系中更重视各自的权力和义务,强调婚姻家庭中的平等和自由。

从西方家庭史中可以看出,西方的家长制度已经随着中世纪的消亡而解体,西方家庭文化开始真正出现分野,个体本位家庭价值取向开始酝酿。个体本位家庭文化真正确立是在近代的一系列社会变革中实现的。近代文艺思想复兴和启蒙运动解除了人们的思想束缚,确立了个体人的主体理性价值。政治上的"君主立宪"确立了民主政治统治。加上卢梭从"天赋人权"的角度反对"君权神授",以"法律面前人人平等"等思想捍卫个体的生命财产权利。卢梭从权力角度强调在自由平等面前,人人都是独立个体,任何人不允许在不经过他人同意的情况下剥夺这种天赋权利。卢梭等资产阶级政治家为个体的财产和个体本身的权利提供了政治和理论上的保障。工业发展资产阶级的兴起,为个体本位提供不再人身依附的经济物质,条件个体开始独立存在,最终个体本位主义终于在思想、政治和经济的共同合力中,将西方古老的家庭文化从家长制中解放出来,过渡到个体本位家庭。因此,个体主义确立为西方文化价值观的过程是一个不断定位个体、界定个体生存法则、反思个体与他人关系的过程。在个体本位的文化中不仅在财产权利上家庭成员自由平等,允许拥有各自的私有财产,也在政治和法律上得到认可和保护。政治国家以法律形式规定了一切组织团体不过是人们权力之间的相互转让,并从政治国家中获得保护。在这样的社会大背景下,家庭中的依附关系从契约法律层面转向权力对等关系,破除了以往的家长独裁制,并生长出了新的社会形式——市民社会。

近代市民社会的出现不仅是社会生产力转变的结果,还是以往各种共同体解体的结果。马克思认为"市民社会"概念是与私有财产关系联系在一起的。他指出:"'市民社会'这一用语是在18世纪产生的,当时财产关系已经摆脱了古典古代的和中世纪的共同体。真正的市民社会只是随同资产阶级发展起来的。"也就是说,新的社会阶层是从古代的家庭和中世纪的宗教国家等共同体组织的解体中成长起来的新的社会组织力量,它是国家组织和观念的基础。"市民社会"

是伴随城市和国家这一现代社会组织形式发展起来的,是解开社会发展奥秘的真正钥匙。人类历史之谜不能去费尔巴哈的批判的宗教天国中寻找,也不能从黑格尔所谓的绝对精神中寻找,而只能在马克思的现实生产关系中寻找,也就是解剖社会结构的核心市民社会。市民这一身份是与近代生产方式联系在一起的,是与"经济人"相对应的概念。在"经济人"概念中人人精于计算、善于分析,人与人之间属于"一切人反对一切人"的战争状态,表现在现实生活中是人们为了生存利益展开竞争,发生自我异化、自我否定。

因而,个体本位的确立在家庭文化中体现为注重爱情在家庭中的稳定作用,将爱情视为婚姻的基础,注重夫妻之间的契约关系和地位平等,重视个体的幸福。家庭共同体不再是个体追求的目标,为了个体幸福和自由需要挣脱家庭共同体的束缚。在个体本位文化中家庭不是目的,个体幸福才是目的,家庭成为获得幸福的手段。因而,不论是夫妻关系,还是子女关系,西方家庭文化立足于实现个体幸福,将满足个体幸福、个体快乐置于婚姻缔结的首要位置。

2. 文化理念差异

家庭理念上的差异是婚姻缔结理念差异的直接结果。婚姻是家庭存在的前提,没有婚姻也就没有家庭的存在。要考察中西方家庭文化理念的差异,就要从家庭的前提——婚姻来认知。

婚姻制度经历了从群婚到对偶再到专偶,从低级到高级的演化过程。在漫长的原始婚姻家庭演变中,中西方在原始的婚姻理念上差异很小。婚姻缔结的动机是更好地自我保存和延续后代,也是为人类种族的更好发展。摩尔根指出在群婚和对偶婚时代,婚姻的缔结动机是满足生存的需要。在原始社会家庭中女性在生育上的功能,很大程度上决定了女性在氏族家庭中的地位,婚姻缔结的目的是男女双方能够更好地生存下来免受外在威胁,婚姻家庭形式能够凝聚男女对共同体组织的自我认同感。男女将共同体视为"我的",这种共同意识可以更好地发挥共同体的保存作用。这是在没有私有财产的共产经济社会婚姻缔结的主要动机。而一旦出现私有财产,并且私有财产可以传递给自己的子女时,婚姻缔结的目的从自我保存转变为对子女的专有。在自我保存的共产制社会中,共同体成员集体占有生产财富,氏族以母系为尊,但私有财产的出现打破了共产制经济,变为家户经济时权力转变为父权,家庭财产便成为丈夫的专有。丈夫为了保证财产不落入外人手中,因而在缔结婚姻时首要考虑的是对女性的专有,也就是以婚姻形式将女性私有打上某个人的财产专属的烙印,其目的是生育子女来继承财产。在私有财产下婚姻缔结的目的是绝对功利的,是为了财产而选择结婚。这是中西方家庭历史上婚姻理念的共通之处,但是一旦进入个体家庭的文明社会,中西方婚姻家庭理念的分野也就明朗起来。

在文明时期中西方共同遵循一夫一妻制的婚姻制度,但各自缔结婚姻的动机和价值取向是不一样的,其具体形式也存在很大的差异。在中国封建社会的婚姻缔结过程中,往往是将家族集体利益作为婚姻缔结的首要因素。这也是传统社会只承认通过"父母之命,媒妁之言",经过"纳采、问名、纳古、纳征、请期、亲迎"等仪式娶进门的妻子为合法妻子的原因,其他方式获取的女子则称为妾。尤其是在古代的官宦大家,娶妻是一个家庭甚至是家族的大事,婚姻必须由父母决定,个人是不敢自专的,通过联姻实现"婚礼者,将合二姓之好"的目的。通过男女婚姻联合两个家庭,实现家庭之间的资源置换和利益共享。这样的婚姻就是实现家族利益的手段,被称为"联姻"。婚姻不是男女自己的问题,是家庭共同体的事务。婚后的家庭生活多数是男女为各自家庭的利益,采取以礼相待的相处方式。婚姻以承担责任和义务为核心,生有继承家业的嫡长子是"娶妻"的最大责任。夫妻之间的感情则不在婚姻考虑之内,传宗接代才是中国婚姻家庭的信仰。由于家庭本位和共同体利益优先的观念,传统中国人将承担责任看作婚姻的最大目的,因而也接受父母在娶妻方面的安排。

西方封建时期婚姻缔结也是如此。恩格斯指出"对于骑士或男爵,像对于王公一样,结婚是一种政治行为,是一种借新的联姻来扩大自己势力的机会,起决定作用的是家族的利益,而绝不是个人的意愿"。在统治阶级中婚姻是手段,被当作手段的男女承担家庭利益是首要的考虑,至于个体幸福从属于家庭责任和利益。为了实现家庭共同体的利益,男子将自己承担家庭责任的义务也就是婚姻缔结权利转交给父母,由父母决定。因此可以说,遵从父母之命娶妻是对家庭负责,遵从自己内心娶妾是对自己个体需要负责。

个体本位的西方家庭文化强调个人权利,即把个人感受视为婚姻和家庭的重要价值。中世纪之后,婚姻的自主权是由婚姻当事双方共同享有的,而不由家长来干涉。当婚姻自主权回到男女之间,回到了个人的主观情感,也就是爱情的时候,家族责任、家族利益等将婚姻引导到责任和义务的动机就会失效。结婚变成了一种鲜明的个体婚姻,结婚是一种自我感觉。

爱情婚姻由男女自愿缔结，以爱情为纽带，在婚姻中夫妻关系更为亲密，家庭幸福感更强，家庭的稳定性更强。但爱情毕竟是一种主观的感受，这种感受具有非理性，一旦爱情强烈程度回归到自然水平，男女之间回归平淡的正常水准或者爱情强度转移对象，婚姻解体也成为必然。因此，爱情婚姻更具幸福感，但也更具潜在的威胁。以个体为本位的家庭，为了维持婚姻家庭的稳定，需要不断向对方表达这种爱慕之情，不断加强这种爱慕意识，从而保持婚姻家庭的稳定性。在这一点上，西方个体本位的家庭文化更倾向以爱情为基础，这也符合西方人注重个体感受的文化特点，而中国人采取"联姻"方式组建家庭反映出更注重家庭责任的特点。因而，有人总结传统中国人是为他人、为家庭而结婚，西方人则是为个体而结婚。

因而，从中西方对待婚姻的态度可以窥见中西方家庭文化理念存在的差异性。中国人对待婚姻、对待家庭是出于理性的责任，遵从对共同体家庭群体负责的价值取向，认为婚姻是为了满足家庭利益和传宗接代的手段，婚姻和个人幸福没有直接的关系。但西方家庭观念中将家庭婚姻视为实现个体自我幸福和满足自然需要的手段，以个体为价值取向，认为婚姻是获得个体解放和自由的途径。西方将婚姻视为家庭幸福的基础，视为获得幸福的直接要素，因而在中西方家庭理念中呈现出理性责任与个体权力的价值观念差异。

3. 文化模式差异

中国和西方都存在孝文化，只不过中国的"孝"是出于人伦道德的考量，西方的"孝"是出于一种理性的约束。孝顺父母在中国传统道德中占有重要部分，儿女对父母的孝并非出于外界的强制，而是由内而外，通过自身的道德约束、道德修养来实现的。传统父系社会中以父为尊使得孝敬长辈成为一种必然。因为《孝经》有言"夫孝，德之本也""立身行道，扬名与后世，以显父母，孝之终也"。

西方的孝出于一种理性的观点，更多地表现在宗教文化中。西方人认为人皆出于上帝，上帝是一切的本源，因而爱也要追溯到这一源头。对父母的孝或可称之为"尊敬"，而且更多地强调独立。西方比较注重法的观念，它以父母子女间的理性规范为内容。父母与孩子之间是一种契约关系。在西方，孩子到了18岁以后就应搬出父母的家开始独立生活。成年之后和父母同住或啃老被认为是一件非常丢人的事情。但是子女独立也并不等于对父母不管不问，在周末或节假日会去看望父母。西方父母看重子女的独立精神，也看重自己老年的独立生活。因此，尽管儿女们经济条件很好，老人也不愿与他们同住。

就文化本身而言，文化是一种活的生命存在，延续、传承、创新是其内在本性，多样化是其特征。中西方家庭文化各自作为一种独特的生命存在样式，自然具有自己独特的生命内涵。就其深层核心而言，中国家庭文化模式属于父子文化，家庭围绕父子关系展开；西方家庭文化属于夫妻文化，家庭建设和内容以夫妻为中心，属于独立的两性家庭文化。

二、地域文化差异对翻译的影响

意象、文化、语言，三者紧密联系、彼此互通、不可割裂。有学者指出，"所谓文化，究其本质乃是借助符号来传达意义的人类行为"，而"文化的核心就是意义的创造、交往、理解和解释"。"文化"的落实，需要借助符号。根据符号学理论，"语言"就是一种人类独特的符号——语符。换言之，文化浸润在语言中，通过语言来创造、交流、理解和解释。

纵然世界各国、各民族之间，存在言语使用、语言具体表达的差异，但"意象"尤其是文化意象的生成，是同民族、亲属语言使用者之间情感互通、互相理解的"压舱石"。换言之，经过文化历史洗礼沉淀的约定俗成物，以语言之形，巡行在人类长河中，联系着语言和文化两极，也在万变的言语表述中，凝聚着不变的共同体的经验、感受、文化象征等。因此，可以说"意象"是同一民族、亲属语言使用群体之间，以文化为内涵，以语言为符号的交流内容的浓缩。正因为"意象"的民族性、浓缩性，也就造成了文化距离较远的不同民族之间在"意象"诠释上的区别，即"意"同"象"异，各见其趣，比如爱情诗的主题总是"我爱你"，但古今中外，关于爱情的诗歌却绵绵不绝；或"象"同"意"殊，难解难分，比如，同样是dog，汉英文化的解读却不尽相同。

此时，语言就不再是一个单调的工具，而是带有审美意味和民族内涵的文化负载词。译者带着母语思维，试图贴近源语，又努力靠近译入语时，在读懂语符表面意思时，就立即面临沉甸甸的文化意象，而文化意象的差异性，又马上使译者陷入两难境地。为了有效译介，译者就不得不做出主观抉择，从译介学角度上，这种现象叫作"文化意象的传递"。文本翻译的变异结果，从跨文化成因来看，就是译者为了保留语言所负载的文化信息，而不得已舍弃语言外形；或为了达到吸引受众眼球的目的，刻意保留源语的形象，却造成文化内涵的丢失。

地域性差异是文化意象的首要特征,即凸显本民族的生存环境、气候天气、自然生态、动植物等,并将其浓缩、沉淀在文化意象中。地域性差异也是跨语际转换最常面临的挑战。譬如,看到国产知名能量饮料"红牛",国内受众自然心领神会、乐意买单。这是因为,古代中国是一个传统的农业国家,农耕文化就促成了人们对"牛"这一农家主要劳动力的喜爱。牛成了勤勤恳恳的代名词,比如"俯首甘为孺子牛""他是我们单位的老黄牛"等,都是以"牛"这一文化意象来夸赞人。

中国的古代文明发源于黄河流域,以农业、畜牧业为主,属于农耕文明,且我国绝大部分地区属于大陆性气候,因此,在汉语中,有许多关于家禽、土地、河流的习语,如对牛弹琴、鸡飞狗跳、守株待兔、马到成功、鸡毛蒜皮、面朝黄土背朝天、山崩地裂、挥金如土、跳进黄河也洗不清等。

西方的古希腊文明,发源于爱琴海沿岸,属于海洋文明。英语国家所处的自然环境对英语语言产生了深远影响。以英国为例,英国是一个岛国,属于海洋性气候,因此,在英语中有许多关于海、船、鱼、水手的习语,如 the best fish swim near the bottom(好鱼常在水底游)、never offer to teach fish to swim(不要班门弄斧)、at sea(茫然,不知所措)等。

第三节 社会习俗差异与翻译

一、中西社会习俗的差异

(一)交往习俗

中国历来以文明礼仪之邦自居。在中国,最早对礼仪的研究始于对"面子"的研究。所谓"面子",是指个人在社会上有所成就而获得的社会地位或声望。我国著名语言学家顾曰国提出了五个礼貌准则:①"自卑与尊人"与贬己尊人准则;②"上下有义,贵贱有分,长幼有等"与称呼准则;③"彬彬有礼"与文雅准则;④"脸""面子"与求同准则;⑤"有德者必有言"与德言行准则。这五个准则相互渗透、互为制约,其中"贬己尊人"是中国式礼貌的最大特色。

英国著名语言学家利奇对礼貌和面子问题进行了重新归纳和分类,提出了著名的礼貌原则,这是语用学中一项重要的原则,包括以下六条准则:策略准则、慷慨准则、赞扬准则、谦虚准则、赞同准则、同情准则。中西方两位语言学家提出的礼貌原则大致上概括了中西方的人们在社会生活中遵守的礼仪标准。以下将从中西方的实际状况出发，比较中西方礼仪习俗的差异。

1. 称谓用语对比

社交中，我们应该先称呼对方，至于怎样称呼对方，这是我们第一个要考虑的问题。中西称呼体系在不同的文化背景下产生、发展，形成了各自的形态和规律。

中国人在自我介绍时，常常要贬低自己、抬高他人，所以中国人的称呼方式就是"贬己尊人"。中国人以"鄙人""在下""不才""小人"称呼自己，以"犬子""小女"称呼自己的儿女，以"拙荆""贱内"来称呼自己的妻子。这些称谓都是以贬低自我来表示对他人的尊敬。中国人在称呼别人时，用的是"上下有义，贵贱有分，长幼有等"的客气原则。这个礼节规定，在称呼对方时，必须先把自己和对方的辈分、长幼和关系都搞清楚，这样，中国人的称谓就会变得非常复杂。例如，根据血缘关系的不同，对女性长辈的称呼可以分为伯母、婶母、姑母、姨母、舅母等。下属对上级的称呼，一般都是用"主任""科长""局长"等，有的时候，还可以在职位前加上姓氏，但如果直接用姓来称呼，那就是对上级的不敬，对领导的不敬，很有可能会影响以后的工作。

与此相反，西方的称呼方式就比较简单了。西方人的称谓更多地反映了人与人之间的平等，所以，在称呼上，人们更倾向于用名字来称呼对方。有些思想开放的家长甚至会让自己的子女直呼其名，有些大学教师会在课堂上也会让学生们直呼其名。不过，对于一些特殊的人，在特殊的情况下也会有例外，比如总统，我们可以用"Mr. President"来称呼他。在汉语中，以名字相互称呼的方式多见于同龄人，如同学、朋友、同事等。若是关系很好的话，还可以用昵称来称呼。还有一种情况，就是长辈对晚辈可以直呼其名，但是晚辈对长辈却不能。

2. 感谢方式对比

在中国，人与人之间的距离较小，独立度相对较低，所以中国人视关系密切的人为"自己人"，互相帮忙是理所当然的事情。"自己人"之间要是说谢谢，就显得"见外"了，这是一种疏远的表现。所以，中国人很少向自己的亲人和朋友表达感激之情，而当中国爸爸对孩子说"谢谢"时，别人一定会认为这是不太正常的。如果一个陌生人帮助了你，你就应该说一声"谢谢"，不然别人会认为你没有礼貌。下级也要向上级道谢，以表示尊敬和礼貌。

在西方人的日常生活中，常常使用利奇所提出的"赞誉准则"，即尽可能地赞扬他人，所以，"Thank you"这个词在西方人口中常常被提起。即便是夫妇之间、孩子与父母也常常互相说"Thank you"，更别提向公司的领导、同事、亲友，甚至是陌生人道谢了。

3. 赞美方式对比

在生活中，人们常常会无意中听到他人的夸奖，有时也会发自内心地称赞他人。称赞是一种美德，而被称赞是一种乐趣。表扬能让人与人之间的关系更加融洽。然而，在中国和西方，人们对称赞的反应却各有不同。举个例子，一名英语教师称赞一名中国女性教师的服装，并说："你的服装真好看，很适合你。"面对这样直截了当的夸奖，中国教师一定会感到难为情，她会表示自己的服装并不值得夸奖，并且说："这是一件很旧的裙子，已经不怎么能穿了。"这会让这位外籍教师产生一种困惑的感觉。但如果被赞扬的对象也是英语教师，那么，她肯定会说："Thank you very much! You are very kind!"，称赞人在听到他人对他的感谢时也会感到愉快。

中西方对称赞的反应差异，很大程度上是由于人们使用的礼节法则不同。中国人不善于表达自己的情感，因此，很少会用直接表达自己的赞美。中国人在受到赞扬时，往往会采取"谦虚原则"，而西方人往往采取"赞同原则"，不会否认他人的赞扬，反而乐于接受他人的赞扬，并表示感激。

4. 邀请方式对比

"面子"与"求同原则"是一致的，如果甲请求乙做某事，乙拒绝了甲的请求而不愿意做，那么乙就违背了"求同原则"，也就是不给甲"面子"。由于中西方的人们使用的礼貌原则的不同，他们在面对邀请时的反应也不相同。

如果一位中国人到朋友家里做客，主人问他是否需要一杯茶，他会表示那样太麻烦主人了，不用了。然后，主人又会热情地重复一遍："没有问题，水已经煮好了。"只有这样，客人才会说："那好吧。"中国人习惯于遵守礼仪，觉得麻烦别人是给别人增加负担，所以中国人通常会拒绝说"不用了"。不过中国的东道主们通常都会表现出自己的热情，一再强调不会有什么问题，所以在这个时候，客人们就会按照"求同原则"来接受。如果这时候再拒绝，那就是对主人的不敬，那主人就太没有"面子"了。西方国家通常采取"求同原则"，尊重自身的需要，不会过多地为他人着想。

5. 送礼习俗对比

送礼作为一种沟通情感、拉近双方关系的重要方式，在中西方都十分盛行。

中国人认为，越是珍贵的礼品，就越是真诚。人们送礼通常遵循这个原则，送出的礼品通常都是价值较高的，因为便宜的礼品会被视为缺乏诚意和冒犯。虽然礼物可能很贵重，但送礼的人也会说"一点小意思，不值一提"。主人收了礼物，也不会在客人面前拆开，那样会显得他太贪心了，只有等客人离开了，他才会打开。从以上的表达可以看出，中国人在赠送礼物与接受礼物时，主要体现了"谦虚"的原则。尽管礼品很珍贵，但送礼人会尽量降低它的价值，减轻收礼人的心理负担，让收礼人更好地接受它。西方人认为，礼品中的感情比礼品的真实价值更重要。尽管西方的礼物可能更简陋，但他们在送礼时会特别注明礼物的特点、用途和寓意。主人在接受礼品时，会在宾客面前拆开礼品，夸奖对方，并表示感谢。

（二）节日习俗

1. 中国节日习俗

（1）中国传统节日

传统节日是民族文化中的宝贵财富，更是传统文化的驿站，用以承载民族认同感、传承民族文化生命、增强民族凝聚力。传统节日是一个国家、一个民族在长期社会实践中形成并有着深厚历史记忆和特殊习俗的特定日子。人们通过庆祝传统节日来表达民族情感，传递人文精神。每一个国家和民族都在长期社会发展中形成了带有本国、本民族色彩的文化，而传统节日则是这些文化的生动表征或说是文化记忆的重要存储器。各国、各民族通过庆祝本国、本民族的传统节日，在节日相关的民俗活动的开展中来体悟自己国家和民族的文化味道。马克思主义强调，经济基础决定上层建筑，传统节日作为文化上层建筑源于各国、各民族长期的社会经济发展。传统节日也促进了社会文化的再生产，以及经济社会的向前发展。

受地理环境的影响，不同国家、不同民族在长期实践活动中形成了各具特色的文化。传统节日属于一种特殊场域，具有特殊的语言、特殊的行为和特殊的物象。在周期性的节俗中，融入仪式、饮食和娱乐，社会集体记忆与个人文化认同得到实现，民族传统得到传承。中华民族历时五千多年，形成了诸多独具特色的传统节日，如春节、元宵、清明、端午、中秋等。

中华传统节日是优秀传统文化的突出代表，是我国非遗宝库中最富有文化内涵、民族特色和广泛影响力的文化瑰宝。中华传统节日是中华文化的重要组成部分，具有多样的形式与丰富的内容，是中华民族在长期社会实践中所积淀的文化结晶。春节、元宵、清明、端午、中秋等主要传统节日是传播中华文明的重要途径。

随着历史的变迁，中华传统节日的节俗融于人民群众的生活实践中，并由此传承不息，不断与时俱进，积淀了深厚的文化价值。中华传统节日是传承和弘扬优秀传统文化的重要途径，烙有中华文明的深刻印记。人民群众在欢庆节日的过程中增知识、受教益，同时节日所蕴藏的文化、美德、情感、传统也得到了有力彰显。

中国地域辽阔，各民族庆祝传统节日的方式各有千秋，但节日中蕴藏的文化认同感、价值观念、伦理规范等却具有相通性。中华传统节日是联系广袤中华大地上各族儿女的纽带，镌刻着中华民族共同的文化印记。中华传统节日融合了历史、民俗、饮食、服饰、礼仪、地域等文化，集中反映了由节日传承而凝聚的中华各民族共同的情感，以及不断形成的中华儿女所特有的伦理情感、时间观念、生命意识和文化认同感。中华儿女代代传承的传统节日，是对民族文化、地方传统的重要展示，是增强民族文化认同，维系祖国统一、民族团结和社会和谐的重要精神纽带。中华传统节日的丰富多彩，也源于中华民族幅员辽阔、气候生态存在多样性，五十六个民族在长期发展中形成了独具民族特色的文化传统。中华传统节日种类繁多、形式内容丰富，既有上古时期流传下来的古老节庆，也有时代"赋值"的新庆典。当前，中华传统节日类型丰富且共融共存的和谐关系展现了中华传统节日跨时代的历史力量，也彰显了以中华传统节日为重心的中华民族的荣誉感和自信。

（2）中国传统节日的特性

第一，文化认同性。国外著名学者亨廷顿曾指出，不同的人常用祖先、语言、历史、价值、习俗和体制来界定自己。在亨廷顿看来，文化认同对大多数人而言是最有意义的事。在经济全球化的今天，文化认同已经成为国家文化软实力的重要表征之一。文化认同是最深层次的认同，是凝结文化共同体的基础。加强中华民族大团结，长远和根本的方法是增强文化认同，建设各民族共有的精神家园，积极培养中华民族共同体意识。中华传统节日使人们在欢度节日的氛围中形成了强大的文化认同，彰显了中华传统节日的文化认同性。

第二，伦理规范性。中华传统节日包含大量伦理道德、行为规范，是民族文化重要的标识，也象征着中华民族的历史积淀和人文精神。"天人合一"的道德观念，是中华"和合文化"的哲学基础。人实现与自然的"和合"及人际的"和合"，形成了天道为怀、和合为贵、中庸为德的社会伦理。敬天法道、惜人爱物、求实宜时等，成就了和合文化。中华传统节日的伦理规范性旨在促进社会和谐发展，使人们在社会发展进程中依然保持紧密的联系。

中国社会对伦理道德、行为规范等十分重视，以家庭传承为基础，形成了一套伦理规范体系。中华传统节日也都是基于时令和年岁而形成的，在传承和弘扬中被寄予了阖家团圆、尊老敬长、追思先祖、维系伦常等众多的内容。春节的团圆饭、清明的扫墓祭祖、重阳的尊老爱老等节俗，体现了中华传统伦理规范。中华传统节日使得伦理规范、道德理念植根于人们心中，从而维持社会的和谐发展。如人们在欢度中华传统节日时，开展礼尚往来、尊老爱幼、开坛祭祀等活动，同时也伴随着一些节日习俗的禁忌等，渗透着传统道德规范的教化。这都充分显露了中华传统节日所具有的伦理规范性。

第三，历史传承性。中华文明是唯一从古到今绵延相续的古老文明。马克思指出："整个所谓世界历史不外是人通过人的劳动而诞生的过程"，人民群众是历史的创造者，是社会精神财富与物质财富的创造者。中华传统节日源于中华先民的历史实践，并在长期的历史实践中积淀了深厚的文化价值。中华传统节日是中华精神宝库的重要组成要素，是由中华儿女代代传承、协同创造而来的。这也充分彰显了中华传统节日的历史传承性。中华传统节日流传至今，历久弥新，在传承中发展、在发展中创新，主要在于中华传统节日内容具有传承性。正是因为中华传统节日自身的历史传承性，所以才被人民群众推崇和接纳。

如春节这一古老而又隆重的节日中，就有挂灯笼、贴春联、贴年画、吃饺子、吃年夜饭、燃放烟花爆竹、守岁以及春节拜年等形式多样的节俗；清明祭祖扫墓、食用清明果；端午赛龙舟、吃粽子；中秋赏月、吃月饼等。这些特定的节日活动都是中华儿女绵延传承的节俗和饮食文化，深深融入中华传统节日文化中，渗透着浓厚的亲情与家国情怀。中华传统节日在各族文化的传承与发展中不断嬗变，因其历史传承性而形成了深远持久的年节体系，是中华儿女传承弘扬的精神遗产。

第四，民族团结性。中华传统节日是促进民族团结进步，创建人文化、实体化、大众化活动的重要载体。中华民族是一个以汉族为主体，其他各民族共存、共融、共享的多民族国家，其中汉文化深深影响着其他民族。春节、元宵节、清明节等主要传统节日在其他民族地区也不断融合发展，与此同时其他民族文化与汉文化相互交融。各族人民亲如一家，是中华民族伟大复兴必定要实现的根本保证。深化民族团结进步教育，铸牢中华民族共同体意识，加强各民族交往交流交融，促进各民族像石榴籽一样紧紧抱在一起，共同团结奋斗、共同繁荣发展。中华传统节日是民族精神、民族情感、民族思想的结晶，维系着民族团结，彰显了其本身具有的民族团结性。

传统节日是具有温度的特殊节点。广大人民群众以纪念、庆祝和娱乐等节俗活动自发地聚集在一块、相沿成习,具有广泛的群众参与性。各民族独特的节日是建构民族文化的元素,集中凝结各民族的思想情感。新时代要充分发挥好中华传统节日的场域作用,挖掘中华传统节日蕴藏的深厚文化价值,创新有效的表达形式,开展民族团结性活动,增强各民族团结。中华传统节日节俗的广泛参与性为促进民族团结提供了强有力的支撑,彰显了中华传统节日的民族团结性。

(3)中国传统节日的庆祝方式

中国人重视饮食的习俗也反映在人们过年过节的食物上,很多节日都有专属食物,中国人庆祝节日的方式大多是和家人一起品尝这些具有节日文化内涵的食物。吃的东西不仅讲究形状,而且讲究味道,更讲究寓意。节日饮食已经内化为中华民族的一种民族心理,更成了一种文化符号。比如,春节时,中国传统的节日食物是饺子,因为饺子的谐音"交子"意味着这是新年与旧年相交的时刻;元宵节时传统的节日食物是汤圆,因为"圆"意味着家庭幸福圆满;中秋节时传统的节日食物是月饼,一家人在一起吃圆圆的月饼就象征着家庭的团圆和幸福;腊八节时人们要吃腊八粥,表示庆丰收之意;重阳节时人们都要喝菊花茶,吃重阳糕,这主要是为了祛除疾病。

这些各具特色的食物已经成了节日不可分割的一部分,如果过节时没有吃这些具有代表性的食物,人们就会觉得节日过得不完整。这些食物的由来和中国人的历史和生活息息相关,主要是因为农耕社会的人们平常农业劳动耕作比较繁忙,生活比较节俭,到了过节时,人们就会设法改善生活,因此就创造出了这些具有节日代表性的食物,这些食物表达了中国人对于节日和生活的美好祝愿。

2. 西方节日习俗

(1)西方节日

在西方,大部分的节庆都是与基督教相关的。圣诞节是耶稣的诞辰,现在已经发展成了全球最具影响力的节日。这不仅仅是由于全球范围内的基督教信徒数量庞大,而且还与圣诞期间的送礼习俗密切相关。据说,圣诞老人会驾着雪橇,从烟囱走进每家每户,将礼物装进孩子们的袜子中,放在他们的床边。尽管这是一个虚构的故事,但孩子们相信这一点。这是西方人的浪漫与天真,也是西方社会中个人价值观的一种体现。

情人节、父亲节、母亲节等都是西方节日中富有人性的节日,与人们的日常生活紧密相连。情人节由来已久,是一种专属于恋人、夫妻的节日,在这个节日里,情侣们会互相送上礼物,以示爱意。礼物五花八门,不过女孩子们更喜欢巧克力。父亲节和母亲节则是在现代社会的号召下,由民众自发组织起来的。在这一天,父母亲们可以享受到一种特殊的待遇:早晨不用起床,孩子们会把早餐端到他们的床边,让他们享受。在此期间,小朋友会精心地为父母准备好礼品,以示对父母的关爱。

美国的另一大节日是感恩节。感恩节被视为美国的历史体现。美国人的感恩节和中国人的春节有几分类似,大家无论走多远,都会尽可能地与家人团聚。人们会在感恩节表达对家人、朋友、生活的感谢。

(2)西方节日的文化特征

传统节日是一个民族的性格特征、心理素质、宗教信仰、伦理道德、审美情趣、思维方式等众多方面的积累,是人类在漫长的历史发展过程中创造出来的一种活态的文化遗产。与中国的传统节庆相比,西方的节庆具有较强的信仰单一性、传播的扩张性和娱乐性。

首先,西方节日文化信仰的排他性。西方的传统节日深受宗教文化的影响,以宗教信仰为节日文化的支撑,充满了宗教的神圣与庄严。王心洁和肖卫华也曾指出:"西方国家大部分都是先形成一种宗教、一个民族,然后才各自形成传统意义上的国家,这使得西方国家的传统节日在起源时期就带有浓厚的宗教色彩并在后来的发展过程中不断得到强化。"

其次,西方节日文化传播的扩张性。西方节日文化的核心实质上是基督教文化,基督教徒始终认为自己是"上帝的选民",并且肩负着拯救世界的神圣使命,因而在世界各地都有基督教的传教士,宣扬西方宗教的价值观念、生活态度甚至于政治制度,而这种教义传播,是与西方国家的殖民扩张同步进行的。

在近代世界经济和国家关系中,西方发达国家凭借先进的经济与军事力量,强势霸占国际市场,并企图将西方基督文化传播至整个世界。广大亚非拉国家在被西方国家殖民统治时,宗教文化也强势进入其中。对被殖民的国家而言,西方宗教文化的进入,对本土的文化体系、文化信仰都产生了强烈的冲击。西方国家早期的文化扩张,便是借着传播基督教文明的名义,其目的无非是通过基督教教义去改变世界其他地方的文化传统,以便使整个世界基督化。这不能不说是西方基督教国家文化霸权的重要方面,而节日便是西方文化霸权扩张的重要载体之一。

最后，西方节日文化形式的娱乐性。与中国传统节日一样，西方节日文化作为西方文化的重要组成部分，是西方国家、民族长期历史文化的集中体现，并且在长期发展过程中形成了独特的庆祝仪式及风俗习惯。随着时代的发展，西方传统节日的宗教性特点有所减少，但娱乐性的特点愈发突出。

有学者认为："西方的节日习俗不仅有浓重的宗教色彩，而且注重宗教仪式后的一种身心解脱式的愉悦和快乐。"在节日期间，人们走出家门，和众人汇聚在广场一起狂欢。西方传统节日的娱乐性特点集中展现在以集体狂欢的形式表达情感、抒发情绪。最典型的就是狂欢节，它是西方人民为了迎接复活节前的40天大斋期的到来，而专门预留三天时间摆设宴席、纵情狂欢的。到如今，40天的大斋期已经很少有人坚守了，但狂欢节的活动一直流传至今，并且庆祝方式更加多样。

（3）西方节日的庆祝方式

首先，西方国家的人们并不重视"吃喝"等物质上的享受，他们更看重的是营造出一种浪漫的氛围，以及从中获得的愉悦。所以，西方人在过节的时候，往往会想尽办法，营造出一种喜庆的氛围。在宗教活动中，西方人都会聚集在一起，参与隆重的礼拜仪式，唱颂歌，做祷告等。通过宗教的洗礼和心灵的忏悔，人的身体和精神都得到了净化和解放。

其次，西方人喜欢聚集在广场庆祝节日。在庆祝重大节日时，西方国家的人们都会出门，到街上去参加群众的聚会。中国人通常会在节日的时候待在自己的家中。尽管中国人有在春节和元宵节时逛庙会的习俗，但中国人更多的时候是和自己的亲人、朋友聚在一起。西方国家的人就比较开放了，无论是认识的人，还是互相不认识的人，都会聚在一起庆祝节日。

最后，西方人在节庆时也会举行家庭聚会，这与中国人的家庭观念很像，但在形式上仍有差异。中国人大多以吃喝为主要目的，而西方人则多以娱乐为主。在聚会上，人们欢声笑语，欢庆佳节。聚会的形式也非常令人放松，人们可以随意出入。

二、社会习俗差异对翻译的影响

（一）时间翻译

受文化差异的影响，中西方的时间观念存在着很大的差异，如英语中的"the latest news"译成中文就不能译为"最后消息"，应译为"最新消息"。此外，英语中的back（后）指过去的时间，而用forward（前）指未来的时间，因此"look back"是"回顾过去",而"look forward to"则是"盼望未来"。中国人恰恰相反,如有句古诗"前不见古人,后不见来者"中"前"指过去,"后"指未来。因此,在翻译时稍不注意就会造成误译。又如"可是我们已说到故事的后面去了"这句话中"故事的后面"不能译成"behind the story",英语里表达相同意思的说法和视角与汉语是相反的,应译为"ahead of the story"(把后面的故事提前说了)。译者如果缺乏对英汉民族在时间观念上的差异的深入了解,往往就会导致误译。

(二)数字翻译

在社会生活中,人们常常给某些本来没有意义的事物赋予某种意义。就数字来说,西方人认为1、3、5代表着"厄运",是非常不吉利的数字,他们把星期五称作"黑色星期五";中国人则非常喜欢"6"这个数字,老话常说"六六大顺",在安排出行日期或家中喜事选择日期的时候,大多选择带6的日期。对于数字的翻译也是值得注意的。在汉语中,数字"百、千、万"等在许多时候都不表示具体的数字,而表示"多数",所以在英汉互译时一定要注意理解汉语中数字的意思。

(三)特有概念及习语翻译

在英汉互译时,应更加注意在一种文化中所形成的特殊概念和习语,应保持原味,帮助读者理解。如"端午节那天,人们都要吃粽子",粽子是中国传统食品,若直接翻译,对于不了解中国传统文化的西方人来说很难理解,应对该句加以解释,译为:"During the Dragon Boat Festival (which fall on the fifth day of the fifth month), it is a common practice to eat zongzi, which is a rice pudding wrapped up with weed leaves."。对"黔驴技穷"(at one's wits' end)、"四面楚歌"(be besieged on all sides or utterly isolated)这样的成语,重要的是先理解成语意思,再在英文中找到相应的词或词组。至于习语,千万不要望文生义,如 have a big mouth(夸夸其谈)、a piece of cake(小菜一碟)、the kiss of death(帮倒忙)。

(四)动物的比喻和联想翻译

由于社会习俗、文化传统、劳动方式的不同,人们对动物的比喻及联想意义也有不小差异。

狗在汉语文化中是一种卑微的动物,汉语中有"狗仗人势""猪狗不如""狼心狗肺""狐朋狗友"等含有贬义和辱骂性质的成语。在西方国家,人们常把狗看作他们的朋友,甚至把狗看成他们家庭中的一员,常把狗称作 she(她)或 he(他),如 a lucky dog(幸运儿)、a jolly dog(快活的人)、a lazy dog(懒汉）、top dog（重要人物）、"Every dog has his day."（凡人皆有得意时）、"He works like a dog."（他工作努力）、"Love me, love my dog."（爱屋及乌）。

中国人十分喜爱猫，如用"馋猫"来比喻人贪嘴，常有亲昵的成分。在西方文化中，"猫"被用来比喻"包藏祸心的女人"，如 old cat（脾气坏的老太婆）、"Cats hide their claws."（知人知面不知心）。

在中国，山羊被看作一种老实的动物，如"替罪羊"；而英语里"goat"含有"好色之徒"的意思。汉语文化中，杜鹃是报春鸟，令人感到愉快；可英语中的"cuckoo"却是指智力障碍者。

汉语中的"蝴蝶"和"鸳鸯"往往象征着"忠贞的爱情"，由此引起人们许多美好的联想，如"梁山伯与祝英台"在海外就被译为"the butterfly lovers"；可英语中的"mandarin duck"却没有任何意义。

中国人极其推崇龙，把它视为权力、力量和吉祥的象征。汉语中出现了许多含有"龙"的褒义的成语，如龙飞凤舞、龙颜、龙袍、龙腾虎跃等。在西方，dragon 所引起的联想是邪恶的，是一种恐怖的动物（英语词典的释义为 mythical monster like reptile），应予以消灭。

牛在我们的心目中是勤劳、坚忍、任劳任怨的动物，汉语中有"牛劲""牛脾气""牛角尖""牛头不对马嘴"等词语。英国古代主要靠马耕种，牛在英国主要是用来产奶的，因此英语中关于马的俗语有不少，如 as strong as a horse（健壮如牛）、horse doctor（蹩脚医生）、horse laugh（纵声大笑）、horse sense（基本常识）、work for a dead horse（徒劳无益）等。由于彼此的生产方式不同，在表达同一意思时汉语的"牛"往往和英语的"horse"相对应，如汉语的"吹牛"与英语的"talk horse"相对；汉语的"牛饮"在英语中就是"drink like a horse"；"饭量大如牛"对应英语的"eat like a horse"。

第四章 英语翻译的常用方法

第一节 遣词法

一、遣词法释义

遣词法就是指在翻译过程中要精选词语、准确表达，真实再现原文的意义和风格。英汉语言在词义对应、词汇搭配用法、词义情感色彩上存在较大差别，因此，在表达相同的思想内容时，往往会使用不同的词汇。为了克服这种矛盾、确保翻译质量，就要正确地理解原文的含义，因此必须根据原文中所使用的词语来准确地选择合适的对等词语，词义的理解与选择要依赖于特定的语境。

【示例】It was strange, but everything seemed to have its double in this invisible wall of clear water. Yes, picture for picture was repeated, and couch for couch.

译文：真奇怪，每样东西在这堵看不见的清水墙上都有一个跟它完全一样的副本。是的，这儿有一幅图像，墙上也有同样的一幅图像，那儿是一张榻，墙上也是一张榻。

二、遣词法的应用原则

（一）根据上下文准确判断词义

遣词的前提是准确把握词义，而词义的把握往往取决于上下文语言环境。请看英语"story"一词在下列诸句中的不同意义及译法。

【示例】This war is becoming the most important story of this generation.

译文：这场战争将成为这一代人的最重大事件。

【示例】It is quite another story now.

译文：现在的情况完全不同了。

（二）分清词义的褒贬

人们在使用语言表达思想时，往往带有感情色彩，这种感情色彩表现在词语上大多是有褒贬意义的。在翻译中必须把握词的褒贬意义，并且准确无误地将其表达出来。

【示例】He is bright and ambitious.

译文：他很聪明，有抱负。

【示例】He is so arrogant that no one will keep company with him.

译文：他很狂妄自大，谁也不愿意与他相交。

（三）符合汉语的搭配习惯

遣词用字要符合汉语的构词规律和搭配习惯。

【示例】to read one's mind

译文：看出某人的心思

（四）讲究译文词语凝炼

言之无文，行之不远。在正确选择词义的基础上，要讲究炼词，既要准确恰当，又要精练优美。通过推敲，选用精美的词语，使译文更加传神。

【示例】We were eager to benefit from your curiosity.

译文：我们殷切希望从你们的探索精神中获益。

第二节 换译法

换译法就是指在翻译过程中进行词类转换。从语法角度考察，英语中一个词能充当的句子成分与汉语相比显得较少，且充当不同成分时常需要改变词类。此外，英汉两种语言的词类使用频率不同。英译汉时，应根据汉语的行文习惯，对词类做必要的转换，使译文通顺流畅。

一、词性转换

换译在翻译中十分常见，由于两种语言的语法以及表达方式上存在差异，在翻译的过程中，可以根据句意改变某些词语的词性，使得译文更加符合目标语读者的习惯，避免逐字逐句地死译，让译文晦涩难懂。

英汉翻译中的词类转换有很多种，译者在翻译的过程中更应该注意的是目标语的语言习惯，不能被原文本的语言结构困住。由于英语为形合语言，句法结构固定，一句话中只能出现一个谓语动词，因此原文中会用非谓语、不定式、介词等表达动态意义，而汉语中对动词的使用更为灵活。若拘泥于单词的词性，势必会导致译文僵硬、翻译腔明显。词类转换能很好地解决英语静态与汉语动态之间的关系。

（一）名词转换成动词

【示例】However, the driver behind the introduction of SATs was very much apolitical mistrust of professionalism as demonstrated by the third Thatcher government rather than for real educational purposes.

初译：然而，标准评估测试考试的推行的主要原因是撒切尔第三政府表现出的对专业精神的政治不信任，而不是出于真正的教育目的。

改译：然而，推行标准评估测试考试的主要原因是撒切尔第三政府表现出的对专业精神的政治不信任，而不是出于真正的教育目的。

原文中的"introduction"为名词，具有"采用、推行""介绍、引见""引言"等含义。原文想要强调的是"推行标准评估测试考试"，强调的是动作，因此将"introduction"转译为其动词"推行"更符合原文语境。如果按照其名词词性翻译为"标准评估测试考试的推行的主要原因……"，这样译文不够简洁，表达不流畅、不连贯，硬译的痕迹明显，也不符合汉语的表达习惯。

【示例】In the case of pupils and students, especially in post-compulsory and higher education, there has been a growing concern with how they experience education, whilst at the same time how teachers experience their role as teachers appears to be valued much less.

初译：就中小学生而言，尤其是在义务教育和高等教育中，人们对学生如何体验教育的关心越来越多，而与此同时，对教师如何体验他们作为教师的角色似乎不那么重视。

改译：就中小学生而言，尤其是在义务教育和高等教育中，人们越来越关心学生如何体验教育，而与此同时，对教师如何体验他们作为教师的角色似乎不那么重视。

原文中"concern"为名词，有"担心""关心""重要的事""公司、企业"的意思。如果按照名词词性将原文译成"人们对学生如何体验教育的关心越来越多",就会使语气显得很平淡,不能表达出作者想要表现出的越来越关心的程度,而且句子也会显得冗长。因此,译者将"concern"转译成动词词性,译为"人们越来越关心学生如何体验教育"。这样翻译既使语言表达清晰简练,又起到了强调作用,同时做到了前后句形式对等,增强了译文的可读性。

(二)介词转换成动词

英语中多用介词或介词词组来进行表达,而汉语常使用动词来表示,因此在英译汉的过程中,会将英文介词译为中文的动词。

【示例】To guarantee a fully authentic experience, do as the locals do: alongside a must-order rou jia mo, eaters will help themselves to a bowl of red bean or millet porridge and a dish of mixed cold vegetables.

译文:为了确保有一次充分真实的体验,食客可以像当地人一样,自己盛一碗红豆粥或小米粥,配上必点的肉夹馍,加上一碟凉拌素什锦,这正是一个当地人早上的开始。

【示例】breakfast crepes with fried bread sticks inside

译文:早餐薄饼里包着油炸的馃箅儿

(三)形容词转换成动词

英语中用作表语的形容词属于动态形容词,在翻译的过程中可以选取其动词含义,将形容词译为中文的动词。

【示例】To listen to many tell it, the spicy-saucy flavors of Chinese food served in India were commonplace to urban kids growing up there.

译文:听许多人说,在城市里长大的孩子早已见惯了印度餐厅里供应的辛辣的中国菜。

【示例】This results in education becoming subservient to economic needs in a manner which can be seen as anti-democratic.

初译:这导致教育对于经济需求是顺从的,并且是以一种为反民主的方式。

改译:这导致教育以一种反民主的方式屈从于经济需要。

原文中的"subservient"是形容词,译为"恭顺的、驯服的""从属于……的"。译者开始将本句话译成"这导致教育对于经济需求是顺从的",语意不是很通顺,而且没有表现出教育和经济之间的从属关系,与后半句的连接也不连贯,逻辑衔接不紧密。于是译者把"subservient"转译为动词，翻译成"屈从于……"，又根据逻辑关系调整语序，最终翻译成"这导致教育以一种反民主的方式屈从于经济需要"。这样整句话的表述更清晰，句式结构也符合汉语的表达习惯。

【示例】The standardized teacher may have value to the organization if that means that such teachers become interchangeable.

初译：如果标准化教师可以成为相互替换的教师，那么他们对学校就是有价值的。

改译：如果标准化教师可以相互替换，那么他们对学校就是有价值的。

原文中"interchangeable"为形容词，意思是"可交换的""可交替的"。其动词形式为interchange，意思是"相互交替"。本句如果按照形容词的词性进行翻译，需要补出形容词后所修饰的名词，完整的意思是"相互替换的教师"，但是这样翻译就会造成重复，语义不够清晰简洁，不符合汉语的表达习惯。汉语是动态语言，使用动词的频率较大，因此译者选择将其译为动词词性，使译文更加地道。

（四）动词转换成形容词

【示例】但是有许多做父母的，不计利害，小孩子一醒来，就把东西给他吃。有时候，小孩子不要东西吃而硬给他吃，以为要小孩子身体强壮非此不可，以后小孩子成为习惯，一起来就要吃东西了。

初 译：But there are many parents who will give children something to eat after they wake up. They never take the advantages and disadvantages into account. Sometimes, the children do not want to eat and they force them, thinking it's the only way to make them strong. After the children develop such a bad habit, they will ask for food as soon as they get up.

改译：But many kids are served food to eat as soon as they wake up, regard less of whether it's right or not. Sometimes parents insist on feeding kids even though they do not want to eat, thinking it's the only way to build kids up. Gradually kids will develop such a bad habit as to eat when getting up.

汉语是动态语言，英语是静态语言，动词的使用是英汉两种语言的最大差别。汉语句子中可能有一个以上的谓语动词，但英语句子中通常只有一个。在汉译英过程中，为了解决这一矛盾，除了把汉语动词转换成名词外，还可以把汉语动词转换成意义相关的形容词。此句中，"不计利害"的"计"是动词，指计较、考虑，而根据上下文语境，"不计利害"在此处指无论事情是好是坏。故将动词"计"转换成形容词短语"regardless of"，使译文准确传达出原文的意思，同时符合译入语的表达习惯。

（五）动词转换成介词

【示例】总之，小孩子的牙齿是一定要刷的；如果他不肯刷，做父母的要用种种方法去暗示他。

初 译：In a word, children's teeth must be brushed; If he refused to do so, the parents would use various means to intimate him.

改译：In short, children's teeth must be brushed; If he refuses to do so, parents should give him hints in various ways.

词类转换作为一种翻译技巧是极其重要的。在汉译英中，人们经常把动词译成名词，有时译成介词和名词短语。此外，有些英语介词是用来表示动作意义的，因此，在汉译英的过程中，我们经常需要添加介词，或者直接将动词转换成相应的介词或介词短语。此句中，"做父母的要用种种方法去暗示他"中的"用"是动词，"用……方法"在英语中有对应的搭配"in...way"，为使译文语言地道，翻译时将动词"用"转换成介词"in"，跟 way 构成固定搭配，符合英语的表达习惯。

（六）其他情况

1. 名词化非谓语结构的换译

名词化的非谓语结构在句中可充当主语、宾语或表语。因为非谓语结构具有动词特征，并且还带有其他成分，使得此类结构成分不易梳理，意义不易明晰。译者在翻译实践中通过将名词化的非谓语结构转换为不同成分的短语或单句，解决了名词化非谓语结构成分复杂的问题。

【示例】In the widespread culturalization of economic advantage in everything from tourism to high-end consumer goods, capturing the scarce resource of attention through various forms of cultural performance is seen to guarantee more tangible forms of economic reward thus justifying public expenditure on the activities in the first place.

初译：旅游业到高端消费品都存在经济利益，在这些经济利益普遍受到文化影响的过程中，通过各种形式的文化展演来获取注意力这种稀缺资源被认为是保障了更多经济回报的有形形式,从而证明了起初的公共活动开支的合理性。

改译:从旅游业到高端消费品都存在经济利益,在这些经济利益普遍受到文化影响的过程中,公司通过各种形式的文化展演来获取网络经济这种稀缺资源,人们认为这是为了保障更多的有形经济回报,从而证明了起初的公共活动开支是合理的。

注释:"attention"在本段文字中代表"注意力经济",即网络经济。注意力经济是由戈登·哈勃为代表的一批西方经济学家提出的一种网络经济。

此句的非谓语结构明显因成分复杂而给翻译增加了困难。第一处动名词短语结构"capturing the scarce resource of attention through various forms of cultural performance"在句中作主语,但由于其介词成分繁杂,不宜在汉语句式中继续作主语,因此译者采用转换法,增添主语"公司"以转换成句,译为"公司通过各种形式的文化展演来获取网络经济这种稀缺资源",这样以单句的形式摆脱了主语修饰成分复杂的现象。第二处动词不定式结构"to guarantee more tangible forms of economic reward"作"be seen"的宾语,为了明晰句内逻辑关系,译者将其转换为状语成分,即"为了保障更多的有形经济回报",这样就表明了因果关系。综上,译者通过转句和转换成分的方法,解决了名词化非谓语结构修饰成分复杂的问题,形成了更通顺的译文。

2. 形容词化非谓语结构的换译

英文中,非谓语动词形容词化是一种很普遍的现象。在非谓语动词中,过去分词和现在分词都可以作定语充当形容词,或前置或后置。具体来说,现在分词作为定语,表达了动作的进行和动作的主动意义;过去分词作为定语,则表达了动作的完成和被动的含义。作定语的非谓语动词结构常现,而且其结构和成分也比较复杂,单纯的顺译、直译不能很好地表达出原文的意思,因此采用"转化"作为翻译手段,以下对具体实例进行了分析。

【示例】Sherry Simon in her *Gender in Translation*, inspired by Judith Butler's view of gender as the effect of institutions/discourses/practices, wrote that "gender, therefore, is never a primary identity emerging out of the depths of the self, but a discursive construction enunciated at multiple sites".

初译:雪莉·西蒙的《翻译理论中的性别》一书受到了朱迪斯·巴特勒将性别视为制度/话语/实践的效应的启发,书中写到"因此性别从来不是源于自我深处的主要身份特征,而是一种已在多种场合表达的话语建构"。

改译：朱迪斯·巴特勒将性别视为一种制度/话语/实践的效应，受此观点的启发，雪莉·西蒙在《翻译理论中的性别》一书中写到"因此性别从来不是源于自我深处的主要身份特征，而是一种已在多种场合表达的话语建构"。

本句中含有三处分词作修饰语的成分"inspired by Judith Butler's view of.../discourses/practices" "emerging out of the depths of the self" 和"enunciated at multiple sites"。第一处"inspired by Judith Butler's view of.../discourses/practices"是过去分词作后置定语，表示被动意义，由于"by"引导的施动者成分过长，译者将这一介词短语转换为一个子句，即"朱迪斯·巴特勒将性别视为一种制度话语/实践的效应"；再通过语态转换的方法，变被动为主动，将"inspired by"译为"受此观点的启发"。这样通过独立成句的方法解决了非谓语动词宾语过长的问题，而且转换了语态，使语言表达更加贴近译入语。第二处"emerging out of the depths of the self"和第三处"enunciated at multiple sites"，结构较简单，直接转换为前置定语，译为"源于自我深处的主要身份特征"和"已在多种场合表达的话语建构"。

【示例】This was the attitude of young Hispanic American writers towards the elaboration of the literary topic expressed by the three forms of aesthetic expression and worked out during the period of outside enforcement of socialist-realist schematism inspirationally and motivationally.

初译：这是西班牙裔美国作家对文学话题表明的态度，这一文学主题由三种审美表现的形式来表达：在向外充满激情地实现社会-现实主义图式期间，文学主题产生了。

改译：这是年轻一代西班牙裔美国作家对文学话题表明的态度，这一文学话题由三种美学表达形式表现，于社会-现实主义图式在灵感与动机上的外化期间形成。

本句中作后置定语的过去分词短语成分繁杂，是翻译的难点。第一处"expressed by the three forms of aesthetic expression"过去分词带有介词短语作后置定语，为避免定语前置导致头重脚轻、句义不明，译者将过去分词短语转换为作方式状语的子句，即"这一文学话题由三种美学表达形式表现"；第二处"worked out during the period of outside enforcement of socialist-realist schematism inspirationally and motivationally"成分赘余，译者先将during引导的介词短语转句，译为"于社会-现实主义图式在灵感与动机上的外化期间"，最后将被动形式的

"worked out"译为"形成"。综上，译者在拆分成分的基础上，将赘余的过去分词结构通过转句、转态的方法译出，形成了译文。

【示例】The media use the tools of technical reproduction to diffuse information while users pay for every piece of information they receive with live attention, an attention guaranteed by the "artisanal" and cognitively laborious sensory apparatus of our ears, eyes and brains.

初译：媒体使用录制技术来传播信息，而用户以切身关注的方式来回报他们收到的每条信息，这种关注由人们认知上辛劳的耳、眼、脑等器官来做保障。

改译：媒体使用录制技术来传播信息，而用户以切身关注的方式来回报他们收到的每条信息。我们辛劳的耳、眼、脑等人体的认知感官是切身关注的保障。

本句是一个由 while 连接的并列句。本句的翻译难点是同位语成分具有超长的过去分词短语作后置定语，即"an attention guaranteed by the 'artisanal' and cognitively...brains"；译者先将短语"the 'artisanal' and cognitively laborious sensory apparatus of our ears, eyes and brains"转译为句子的主语"我们辛劳的耳、眼、脑等人体的认知感官"，再将过去分词结构"an attention guaranteed by"转译为带有修饰语的名词"切身关注的保障"；最终形成的整句译文是"我们辛劳的耳、眼、脑等人体的认知感官是切身关注的保障"，这样就避免了"attention"的后置修饰语过长的问题。由此看来，对于带有超长后置定语的名词，可以通过转句、转态的方法再现原文意义。

二、句式转换

英汉句式有明显差异，英语的典型句式为主谓模式，汉语为主题化模式，这两种句式在主题结构、句子风格以及主语选择等方面形成了鲜明对比。汉语的主语可由不同类别的词语充当，主语隐含不显，无主句时常可见；谓语成分复杂，且不受主语支配，没有人称、数和时态的变化。英语的主语突出，易于识别，只能由名词或名词性词语充当；谓语绝对受主语的支配，句与句之间多由明示逻辑关系的连接词相连。汉译英时要牢记以上两种语言的差异，确定主语和谓语，根据需要调整语序，并添加适当的逻辑连接词。

【示例】卫生的习惯与身体的健全是有密切关系的。有许多做父母的对于种种卫生的习惯不但没有顾到，还有许多误会。所以我特别详细地把主要的习惯写出来，以引起做父母者的注意并以解除许多无谓的误会。

初　译：Hygienic habits and good health have close relation. There are many parents who not only fail to take in to account all kinds of hygienic habits, but also misunderstand them. I write down the main habits in great detail to draw the parents' attention and clear up a lot of unnecessary misunderstandings.

改　译：The habits of hygiene are closely related to the health of body. Many parents not only fail to pay attention to the various sanitary habits, but also have many misunderstandings about them. Therefore, here the main habits are written in particular detail to attract the attention of parents and to clear up many unnecessary misunderstandings.

汉语多主动句，英语多被动句。汉语民族受到"天人合一"等宇宙观的影响，习惯综合思维。汉语是以人为本的语言，强调人的主体地位。汉语句子中的主语通常是"人"，多主动句。英语民族把人和自然对立起来，重逻辑思维。英语句子的主语多为"物"，常常使用被动句。所选汉语原文是作者的结论，说明良好卫生习惯的重要性，以及作者写作的目的。"卫生的习惯与身体的健全是有密切关系的"在汉语中是主动句，但根据英语的表达习惯，最好译为被动句，用"be related to"这一固定搭配。最后一句"把主要的习惯写出来"主语是我，翻译成英语时，也将其变为被动句"the main habits are written"，更符合译入语的表达习惯。

第三节　增译法

一、汉译英中的增译法

在许多汉语表达中，往往连接词会省略，而英语是注重形式的语言，在汉译英时，需要增加连接词。连接词的功能是使一个段落更紧凑，强调这些句子与句子之间关系的重要性。汉语中很容易找到没有连接词的例子，其特点是意合性强、结构简单。英语句型以形合为特征，各种形式的连词和从句极为常见。我们应特别注意这两种语言之间的区别。尤其是在进行汉英翻译时，译者需要考虑小句之间的潜在关系，用适当的连词来完成句子。

【示例】8月24日早晨，敌人为了夺取浮桥，堵住刘邓大军中路部队南下的道路，开始向汝河岸边猛扑过来，炮火异常猛烈，打得阵地上土石横飞，一片迷蒙。十六旅阵地坚如泰山，指战员们英勇顽强、前仆后继，连长牺牲了，排长自动出来指挥；班长牺牲了，战士顶替指挥；剩下一个战士的时候，就单独和敌人搏斗。

初译：On the morning of August 24, in order to capture the floating bridge, the enemy blocked the way of Liu Deng. The position of the 16th brigade is as firm as Mount Tai. The commanders and fighters are brave and indomitable. The company commander dies, the platoon leader comes out to command automatically; the monitor dies, the soldiers take over the command; there is only one soldier left, they fight with the enemy alone.

改译：On the morning of August 24th, in order to seize the floating bridge and block the south road of Liu-Deng Army's middle route troops, the enemy began to attack on the bank of the Ruhe River. The artillery fire was so fierce that the stones flew wildly. However, the 16th brigade held fast to the position. The commanders and soldiers were brave and tenacious. Once the company commander sacrificed, the platoon leader came out to command. Once the squad leader sacrificed, the soldiers took the place of the commander. When there was one soldier left, he fought with the enemy alone.

这段汉语句子较零散，但是并列、转折、条件等关系都隐含在中间，"夺取浮桥"和"堵住刘邓大军中路部队南下的道路"是并列关系，用"and"连接；"炮火异常猛烈"是"阵地上土石横飞"的原因，是因果关系，用"so...that..."连接；"十六旅阵地坚如泰山"隐含了转折意义，用"however"连接；"连长牺牲了，排长自动出来指挥"中的隐含意义是"一旦连长牺牲，排长就自动出来指挥"，在翻译时，用"once"来表示条件关系。因此，翻译为英语这种形合的语言时，要注意增加连接词，即用增译法，使译文看起来更清晰明了。

二、英译汉中的增译法

英译汉中使用增译法就是指在译文中增加一些原文中无其形而有其意的词、词组、分句或整句，使译文在语法、结构和表达等方面更加完整，符合汉语的表达习惯，使得译文与原文在内容上、形式上和精神上都对等。为了能更忠实而准确地传达原文的信息内容，译者在翻译时，需要增补出原文中省略的部分，以确保译文表达准确。

【示例】For example, if we consider education as social provision that is being carried out within a context of neoliberalism in terms of social and public policies, where reductions in funding and the ideology of new public management require efficiency savings, we can start to see how changed conditions may impact upon teachers.

初译：例如，如果我们将教育视为新自由主义社会和公共政策背景下进行的社会服务，在减少经费和新公共管理理念要求效率节约的情况下，我们可以发现条件的变化会对教师产生怎样的影响。

改译：例如，如果我们将教育视为新自由主义社会和公共政策背景下进行的社会服务，在减少经费和新公共管理理念要求增效节支的情况下，我们可以发现条件的变化会对教师产生怎样的影响。

"efficiency savings" 如果选择直译的话是"节省效率"的意思，这并不符合正常的思维逻辑，让读者难以理解。通过分析上下文可知，此句作者是想表达一些改变会对教师产生不利的影响，比如在"reductions in funding and efficiency savings"两方面。这里的 efficiency 和 savings 分别代表"增加效率"和"节省开支"，因此译者在翻译时将其增译为"增效节支"，既简练又清晰地表达了原文作者的意思，使文章结构连贯，清晰易懂。

【示例】"After the liberalization of [India's] economy," he adds, "a lot of ingredients came to India from [China] which strongly influenced the main product—mushrooms from Yunnan, Sichuan peppercorn [from Chengdu], and ducks from Beijing."

译文：他补充道，"在印度经济自由化之后，许多食材从中国运输到了印度，就如云南的蘑菇、四川（成都）的胡椒和北京的烤鸭。这些强烈地影响了印度的主流餐饮。"

该例句主要讲述的是中国食材进入印度后所带来的巨大影响，在把握整句句意的基础上，对例句中部分词语进行了增译，如"the main product"，这里的主流产品实际上指的就是印度主流的菜品，而"ducks from Beijing"指的是北京的烤鸭。在补充关键的信息后，译文会显得更加清晰易懂。此外，句中破折号所引出的内容实际上是指中国的各种食材而并非主流菜品，因此在翻译的过程中调换了顺序，使其更符合中文的表达习惯。

第四节 重译法

在翻译中，有时为了忠实于原文，不得不重复某些词语。这种反复使用某些词语进行翻译的技巧就叫作重译法。在英译汉时，即使英文中没有词的重复，翻译时为了形象生动，有时也可以采用重复手段，举例如下。

一、重译几个动词共有的宾语

【示例】We should learn how to analyze and solve problems.

译文：我们应该学会分析问题和解决问题。

二、重译代词代替的名词

【示例】Some of the materials which were pushed up the crust from the molten core of the earth formed water. Others formed the gases of the atmosphere. The water evaporated to form clouds. These rose into the sky to form rain.

译文：某些物质从熔化的地心被推到地壳，形成了水，另一些物质形成了大气层中的气体。水蒸发后形成了云。云升入高空形成了雨。

三、重译动词

重译动词分以下两类情况。

第一种：英语句子常用一个动词支配几个宾语，在翻译时往往要重译这个动词。

【示例】They were starting from scratch, and needed men and training.

译文：他们是白手起家的，他们需要人员，需要训练。

第二种：英语句子中如果动词相同，则不重复动词，只重复介词（或只变换介词），但在译文中通常要重译动词。

【示例】The snow falls on every tree and field, and no crevice is forgotten; by the river and pond, on the hill and in the valley.

译文：雪花撒落在树上；撒落在田野里；撒落在河边、湖畔；撒落在山峦和山谷中。大雪纷纷飞，连小小的岩缝中都飘进了雪花。

第五节　省译法

一、汉译英中的省译法

省译即根据译文需要，以及译入语的语言习惯、惯用表达、句式结构，省略一些不必要的词汇，包括虚词、无用词等。汉语表达往往用重复来起强调作用，但翻译成英文时，常常会结合英文忌重复的特点，把意思重复的词省去不译，以避免译文累赘，但是不能随意省略，不能改变原文表达的意思。省译的作用有以下几点：首先，揭示原文面貌，简洁再现原文意。其次，避免语句拖拉无重点。汉语经常会出现同义词叠放在一起的现象，也会出现一些偏正结构的现象，省译法对重复的词语进行省略，很大程度上避免了文章意义重复。

【示例】十八旅工兵冒着弹雨，勇敢地冲上前去，想尽一切办法，保护着浮桥的安全。

初译：The engineers of the 18th brigade bravely rushed forward and tried every means to protect the safety of the floating bridge.

改译：The engineers of the 18th brigade bravely rushed forward and tried every means to protect the floating bridge.

在这句话中，"保护着浮桥的安全"就是"保护浮桥"。为了避免英语句子成分过多，译者省译了"safety"，译为"protect the floating bridge"。

【示例】刘邓大军长驱直入，开始了千里跃进大别山的伟大壮举。

初　译：Liu-Deng Army swept in and started a great feat to advance to Dabie Mountains.

改译：Liu-Deng Army swept in and started to advance to Dabie Mountains.

相比较而言，中国是喜欢文风华丽的国家，写文章时较倾向于用许多华丽、优美的词语。在中文里，用这些词语往往可以使文章增色不少。英语则较为讲究句型结构的严谨规范，语言相对简单明了，无过多的修饰成分，若是直接不加筛选和思考地将复杂的中文句子翻译成英语，会使译文读起来杂乱无章。汉语语言博大精深，有些词语没有英语对应词，也会造成偏离原文意思的结果，所以，适当的省略在翻译中十分必要。"伟大壮举"属于华丽辞藻，翻译时，直接省去不译，反而更能清楚地表达原文的意思。

二、英译汉中的省译法

省译大多以避免译文累赘为目的,在句法和语法上进行调整,以求译文更加流畅通顺。

【示例】Cuisine from this region is fresh, tropical, and very diverse — 51 of China's 55 ethnic minorities have made their home here.

译文:这个地区的菜肴口感新鲜,带有热带风味且种类繁多。有 51 个少数民族长居于此。

由于目标读者的不同,原文中出现的"51 of China's 55 ethnic minorities"是为了让国外读者了解中国有 55 个少数民族而增补的信息。在这里,原作者照顾到了读者的感受,而对于中国读者来说,55 个少数民族是常识,如果按照原文翻译为"中国 55 个少数民族中的 51 个"就会使句子显得十分冗长,译文累赘。因此,在翻译的过程中对于这些不必要的信息会进行减译,从而让译文更加简洁明了。

第六节 分译法

一、英译汉中的分译法

由于英汉语言存在差异,英语多长句,而汉语句子较为短小精简,译者在翻译的过程中应当灵活采用不同的翻译方法与技巧,使得句子更加简洁易懂。其中,分译法就是将原句中的词或短语或较长的从句单独译成一句话,以确保译文不会晦涩难懂,文章脉络更加清晰。

【示例】Shandong cuisine is considered to have the longest history out of any of China's regional culinary schools — it allegedly originated in royal courts of the Qin Dynasty (221-206 BC) — and has influenced a lot of other regional northern cuisine such as Beijing, Tianjin, and Jinan.

译文:纵观中国各地的菜系,鲁菜无疑是历史最为悠久的。据称它起源于秦朝(公元前 221—公元前 206)的宫廷,并且对其他北方的菜系产生了深远影响,例如,北京、天津和济南。

该例句是一个复合句,整句话由三个小句子构成,其中第一句话后面接了一个较长的状语,在翻译的过程中将状语单独译成一句话放在了句首。主句中存在一个被动语态，在这里原句表达的是一个事实现象，因此直接以鲁菜为主语翻译成一个陈述句来表示鲁菜历史的悠久。破折号后跟着的是第二句话，译者并没有按照原句的结构进行逐字翻译，而是将其译为新的一句话。代词"it"指代的是前句的鲁菜，由于中文使用代词的频率远低于英文，因此在翻译的过程中译者需要准确翻译出代词在原文语境中所指代的具体事物，避免产生歧义。"and"连接的并列句子可以和前句合并在一起翻译。

【示例】Crowding, congestion, waiting time at tourism attractions, emissions and pollution caused by mass tourism in cities are negative effects of uncontrolled tourism development in urban regions, which threaten the preservation of the environment, heritage, social and cultural values, and maintenance of quality of life for residents.

译文：城市大众旅游造成的拥挤、拥堵、景点等待时间、排放和污染等都是城市区域不受控制的旅游发展带来的负面影响，它们威胁到环境、遗产、社会文化价值的保护和居民生活质量的维持。

在这句话中，主句是"Crowding, congestion, waiting time...in urban regions,"，后面跟着的是"which"引导的非限定性定语从句"which threaten the preservation of the environment...life for residents"。该定语从句修饰前面的先行词"Crowding, congestion, waiting time at tourism attractions, emissions and pollution"，对先行词起到补充说明的作用，与前面的句子没有限制性关系，所以，译者将其译为了并列句，把"which"翻译为"它们"，指代前面的"城市大众旅游造成的拥挤、拥堵、景点等待时间、排放和污染等"，这样做符合汉语的表达习惯，句间关系清晰。

二、汉译英中的分译法

当汉语的句子比较长，或是结构比较复杂时，翻译成英语时可采用断句分译的方法处理，这样能使译文简洁、易懂、层次分明，而且更符合英语的表达习惯。

【示例】①青年创业是未来国家经济活力的来源；②创业者的成功不但会创造财富、增加就业机会、改善大家的生活，从长远来看，对于国家更是一件好事，③创业者正是让中国经济升级换代的力量。

这个句子很长，有很多小句，语意的表达一个接一个铺陈排列，让人应接不暇。这个长句中有三个主语，"青年创业""创业者的成功"和"创业者"；各小句的动词为"是""创造""增加""改善""是"和"是";整个长句的主题则是"青年创业"。仔细分析汉语语义可以发现:小句①提纲挈领,是这个长句的总说,其后②③的句子都是在解释、具体说明为何"青年创业是未来国家经济活力的来源",是分述。因此,这个汉语长句译成英文需要断句拆句,可在句子开头的部分断句,即把最前面的总说或概括部分单独译成一句;而后面分句依照不同主语"创业者的成功"和"创业者",在相应的地方断句。

译文:Young entrepreneurship is the source of national economic vitality in the future. The success of entrepreneurs not only creates fortune, increase job opportunities, improve people's life, but it is also good for the country in the long term. Entrepreneurs are a driving force in upgrading China's economy.

第五章　英语翻译的常用技巧

在英汉翻译实践中，我们可以发现原文和译文之间往往存在一些问题，这些问题投射在词汇、句子或篇章等各个层面，表现形式复杂难辨，给译者的翻译实践带来了困扰并影响着译文的质量。基于此，我们应当从词汇、句子和篇章三个范畴层面入手，积极探索英语词汇、句子和篇章范畴的汉译技巧。

第一节　英语词汇层面的翻译技巧

一、英语词汇释义

（一）英语词汇的定义

英语词汇的一个显著特征就是一词多义，在不同的语境中，一个词可以表达不同的意思，二语学习者很容易对相关词汇进行错误的使用。语言学家厄尔指出，为了理解词汇意义，我们不应该只注意语言系统赋予它的具体意义，更要考虑到语言的特殊性以及词汇在结构中的位置。换句话说，在任何时候，词汇不仅有字面意义，也有其语境意义。

当依据的标准和侧重点有所不同时，词汇的定义也会有所差别。厄尔认为"词汇可以粗略地定义为我们在外语教学中所教的单词"。她还认为"一个新的词汇可能不止一个单词"，并相信使用"词汇项目"比"单词"更有用、更方便。

语言学家卡特在《词汇》一书中用词代替词汇，并将词定义为语言的最小意义单位。

语言学家内申指出是否需要额外学习是定义一个词的标准。

（二）英语词汇的类型

在英语词汇中，其类型多种多样，包括名词、动词、形容词、代词等，这里仅就其中的几种进行具体介绍。

第一，抽象名词。它是指无法测量或观察的概念，包括固有抽象名词（由英语直接形成，如 dialogue）、行为抽象名词（由动词转化形成，如 removal）和品质抽象名词（由形容词派生形成，如 inactivity）。抽象名词语义范畴模糊，在翻译时需要根据语境转化语义范畴。

第二，虚义动词与短语动词。虚义动词又叫弱义动词，指意义比较模糊的动词。常见的虚义动词有 make、take、give、have、come 等。当虚义动词搭配副词或介词等形成短语动词时，其外延会变得非常宽泛，如 take on 等。这两类动词一般需结合语境才能确定具体的语义范畴。

第三，形容词。它可以分成很多类别，如数量形容词、指示形容词、描述性形容词等。其中，描述性形容词的语义范畴相对比较模糊，最容易引起歧义。典型的例子就是 "good"，比如，"She has good legs." 中的 "good" 语义范畴不明确，既可以指外形健美 "beautiful"，也可以指健康 "healthy"。

第四，代词。它是指代某个词或某句话的词，一般分为指示代词、人称代词、不定代词等。若脱离语境，代词所指的信息是语义模糊的。

第五，同形异义词。它一般指词源不同，但形式相同的词。由于同形异义词的各个义项一般毫无关联，一旦翻译时选择错误，就会使译文产生明显的逻辑问题。

第六，多义词。它主要是指由原始意义的词演变为派生意义的词、由一般意义的词演变为特殊意义的词、由具体意义的词演变为抽象意义的词、由字面意义的词演变为引申意义的词。多义词的各个义项一般拥有相同的词源，意义相近，翻译时容易出错，甚至会让译者难以发现译文错误。

二、英语词汇的翻译技巧

（一）层次转换

层次转换是指"处于一种语言层次上的源语单位具有处于不同语言层次上的译语翻译等值成分"。

基于系统功能语法理论，音位、字形、词汇以及语法所处的语言层次各异，字形和音位无法进行转换，二者中无论哪一种都不能与词汇或语法进行转换，但词汇与语法之间可进行转换。由此可认为在层次转换中，语法和词汇的转换具有代表性。下面进行英语语法和汉语词汇之间转换的案例分析。

1. 时态和体的转换

大部分语言存在时态与体的语法范畴。英语中的动词可传达两种信息：时间关系和时态。时间关系指事件发生的时间，常用的时态有三种：过去时、现在时以及将来时。"体"用以指明不同事件的时间分配，比如是完成还是未完成，持续还是短暂。汉语中不存在时态与体的语法范畴，动词不会因为时态的不同而在形态上有所变化。这时汉语的时间需要用不同的虚词或副词来表达。

【示例】The field of intercultural communication was conceptualized, but it still lacked an academic home in universities, textbooks and journals, and professional associations to coordinate the activities of intercultural communication scholars.

译文：跨文化交际已被概念化，但在大学、教科书和期刊中还缺乏一个学术归属，以及专业协会来协调跨文化交际学者的活动。

英语作为屈折语，很多时间关系都暗含在动词的形态变化里，而汉语是非屈折语，动词不会为了表达不同的时态与体的差别而产生形态上的变化，在这种情况下，可以用"已经""了""过"等来描述时间关系。例句中原文的过去时态以"was"来体现，表示"跨文化交际领域被概念化"已经发生，译文用"已"符合原文意义。

【示例】Georg Simmel learned his doctorate at the University of Berlin in 1881. He taught there for twenty-nine years before moving to the University of Strassburg.

译文：格奥尔格·西梅尔于1881年在柏林大学获得博士学位。在搬到斯特拉斯堡大学之前，他在那里教了29年书。

因汉语动词没有类似英语动词语法形态上的变化，因此常用"时间标记"来表明动作是否完成。因此，当译入语中缺少源语中的语法体系时，就可进行层次转换，用词汇手段来表示。此例中的"taught"从语法上看是一般过去时，但读到后面可以发现"教29年书"这一活动在描述之前就已经完成，且如果翻译为"在搬到斯特拉斯堡大学之前，他在那里教授29年书"则并未做到等值，对于译入语读者来说并不符合他们的表达习惯，所以翻译时加上"了"，使译文更加忠实于原文。

2. 数的转换

英语中大部分名词单数变复数是通过加后缀"s"或"es"或者改变形态来实现的，但汉语主要通过量词如"些""们"等词语来表示复数形式，在数的方面没有语法范畴。因此将英语中的复数汉译时，只能用词汇手段。复数的词形变化是英语区别于汉语的显著特点之一。

【示例】The topics of Simmel's lectures, and of the books and articles that he wrote, varied widely: from the sociology of money, to the nature of urban life, to communication networks.

译文：西梅尔的演讲以及他写的书籍和文章的主题很多，从货币社会学到城市生活的本质，再到通信网络都有很大的不同。

英语中的可数名词有单复数形式上的变化，缺乏这种语法规则的汉语在表达复数意义时，主要还是通过词汇这一手段。如此例中"topics"的汉译，是添加了"很多"来表示复数。除此之外，在汉语中根据语境还常用"们""些"等词来表达复数意义。

【示例】He suspected that the women were gossiping about him, perhaps about why he was not married at 23 years of age (the villagers typically married soon after reaching puberty).

译文：他怀疑这些女人正闲聊的是他，也许是关于为什么他在23岁时还没有结婚（村民通常在青春期后不久就结婚了）。

在该例句中名词"women"汉译为复数"这些女人"，若是去掉"这些"，译文则会与"闲聊"这一动词产生冲突，加上"这些"使译文更符合表达逻辑。

（二）范畴转换

范畴转换是指在翻译中脱离形式对等、实现意义等值的转换，即源语在翻译成目的语的过程中偏离形式对应，在不同的语言级阶上发生转换。具体来讲，可以分为结构转换、类别转换、单位转换和系统内部转换。前三类转换技巧将在下面进行具体介绍，这里先仅就系统内部转换进行简要描述。

目标语和源语的结构在很大程度上是对应的，但是在具体的翻译实践中有时仍需要选择一个非对应的译语，这时进行的转换就是所谓的系统内部转换。比如，对于英语和法语这两种语言而言，它们的名词单复数形式系统虽然是大致对应的，但是不对应的情况仍旧是存在的。举例来讲，英语单词 trousers 是复数形式，而在法语中的翻译就是单数形式的"le pantalon"。对于系统内部转换而言，它有一个需要重点注意的要求，即源语和目的语要具有相似性的结构，显而易见的是英汉两种语言的系统结构差异较大，因此系统内部转换这一翻译技巧并不适用。

1. 结构转换

结构转换即指语言结构上的变化，简单来说就是在翻译时需要调整句子成分的顺序。

（1）被动语态和主动语态的转换

语态在英语中用于表达主语与动词的关系，在主动语态中主语是动作的施事者，在被动语态中主语是动作的承受者。英汉两种语言都存在被动语态和主动语态。在英语中用被动语态的情况较多，如：①所表达的内容具有一定的客观性；②发出的动作对承受者造成了一定的影响；③动作的施事者并不明确。从汉语的表达习惯来看，其极少用被动语态。

【示例】Merton used the term "cosmopolitan" rather than cosmopolite, which was preferred by later scholars.

译文：默顿使用了"世界主义"一词，而不是世界公民，这是后来学者们喜欢用的表达。

在英译汉时，遇到被动语态时应十分注意，要通过深层分析以获得源语所要表达的真正含义。为得到符合原文的准确表达，译者不应局限于语法结构上的框架。针对例句中的"was preferred"，译者舍弃了被动的表达而改用主动表达，使译文更加简洁且不影响读者理解文章原意。

（2）后置定语与前置定语的转换

英语中的后置定语在汉译时并不能做到译文与原文的完全等值，这是因为英汉两类语言系统在语法结构和表达习惯上有其各自的特点，且具有一定的差异，在英译汉时习惯将英语中的后置定语进行前置处理。

【示例】Other groups could be: left-handers; people who are disabled; individuals with a particular lifestyle, such as joggers, mountain-climbers, or gourmets.

译文：其他群体可能是左撇子，残疾人，有特殊生活方式的人，如慢跑者、登山者或美食家。

调整定语的位置在结构转换中十分常见，英语中大于等于三个词语的定语通常出现在被修饰词之后，但在汉语中不以定语的长度为界限，通常习惯将定语放在所修饰词的前面。在以上例句中"with a particular lifestyle"修饰"individuals"作后置定语，根据汉语中定语的翻译习惯将定语提前，译为"有特殊生活方式的人"。

2. 类别转换

当译语单位的翻译等值成分是一个与源语单位处于不同类别的成分时，就产生了类别转换。类别转换通常以词汇为单位，从一种词性转换为另一种词性。有时，类别转换是由于语言之间语法体系或译者翻译风格存在差异而产生的。

（1）名词与动词的转换

英语中名词以及名词性词组表意丰富，具有很大的语言灵活性，而在汉语中反而是多用动词表意，相比之下，汉语中抽象名词出现较少。根据这一特点，在英译汉时可尝试将英语名词处理为汉语中的动词。

【示例】I have little respect for the values and customs of other cultures.

译文：我不懂得尊重其他文化的价值观和风俗。

该例句中"little respect"是名词词组，如果将该词组处理成名词意义，原文可译为"我有很少的尊重去对待其他文化的价值观和风俗"，这样会显得非常生硬，给读者带来理解上的困难。译文将其翻译为动词"不懂得尊重"，使行文更加流畅。

（2）形容词与动词的转换

英语中的形容词可以作定语、表语等，在汉语中，形容词可充当谓语，前面虽没有动词也可表达一定意义。在翻译过程中，要根据译入语的表达习惯灵活处理形容词的用法。

【示例】The individuals within any given group have peaceful relationships, but they are hostile to other groups.

译文：任何既定团体中的个人都有平和的关系，但他们对其他团体怀有敌意。

在例句中"hostile"是形容词，但包含动词意义，译者将其译为"对……怀有敌意"。对比"他们对其他团体是敌对的"与"他们对其他团体怀有敌意"两种翻译，显然后者更能传达原文含义。

3. 单位转换

单位转换也可称为级阶转换。系统功能语法理论指出，一个句子存在五种单位（或级阶），分别是词素、词、群、子句和句子。若采用原文的单位无法产生最优的等值翻译，可在译入语中寻找更高或更低等级的翻译单位，以实现更自然的表达。如单词和短语的转换，词组和小句的转换，句子和句群的转换。这里主要探讨了从英语单词到汉语短语的转换。

汉语是系统思维，多借助情境和语境等表达交际的内容。基于这种重心理而忽略形式的特点，汉语在句子表达方式上追求"言简意赅"。因此，在英译汉的过程中，需要根据表达习惯灵活处理，以得到最优译文。

【示例】Their freedom from the norms of both systems led to a relatively higher crime rate.

译文：他们不受两种制度规范的约束，导致犯罪率相对较高。

英语重形合的特点使其句子表达有结构上的规范要求，而汉语重意合的特点会使其将重点放在逻辑而非形式上。在上述例句中，若是把"freedom"仍然按"自由"处理，会使句子表意不明，而按照译者的翻译方法，将单词转换为短语，表明了"犯罪率相对较高"的原因是"不受约束"。

第二节 英语句子层面的翻译技巧

一、英语句子释义

（一）英语句子的定义

句子是人们进行交流表达的基本语言单位。有学者将英语句子定义为"一组以书写大写字母开头，以句号、问号或感叹号结尾的词群。语法上一个完整的句子通过主语和谓语表达至少一个完整意义的事件"。可以看出，该定义是对英语句子的普遍性概述。

（二）英语句子的类型

在英语语法中，按照英语句子结构可将句子划分为简单句、并列句和复合句三大类。

第一类句型结构是简单句。简单句是仅含有一个单个独立分句的句子，没有从属分句。即使句内含有主语、主要动词、介词宾语等的并列结构，仍属于简单句。也可以说，简单句是指仅由一个分句构成的句子，但该句并不一定是短句。

第二类句型结构是并列句。有学者将并列句界定为句中包含两个或两个以上由连接词连接的分句。还有学者认为并列句包含两个或两个以上的分句，句子间各自独立且具有相应的位置，连接词连接两个分句并表达分句之间的关系。此外，关于并列句的另一种定义主要聚焦于语法形式，句中含有一个以上的分句，且各分句具有相同的语法形式，并由连词 and、or 或 but 等连接，并列句中每个分句都具有独立的意义。

第三类句型结构是复合句。复合句是指有一个或多个从句的句子，或者包含一个独立分句和一个或一个以上从句的句子。复合句至少含有一个完整的从句，并有自己的主语和谓语。

除上述三种句型结构外，部分语法学学者还提出了并列复合句的句型结构，指含有两个独立的分句以及至少一个从句的句子。它与复合句的不同之处在于其中含有的独立分句不止一个。

二、英语句子的翻译技巧

（一）被动句的翻译技巧

1. 转换成主动语态

由于英汉两种语言存在差异性，在将被动语态译为汉语时，往往不能保持原有的语言结构和形式，并且由于汉民族喜欢从施事的角度叙述事情，英美民族爱从受事的角度叙述事情，因此在翻译被动语态时，首先考虑将其转换成主动语态，即译为汉语的主动句。

（1）译为汉语意义被动句

在翻译实践中，很多的英语被动句省略了施事者，也就是动作的发出者。在这样的案例中，可以考虑采用汉语意义被动句进行翻译，即在形式上是主动句但是表达被动意义，并且在整句话的翻译中可以适当调整词语的顺序以及有针对性地增减词汇，以使译文符合汉语的表达习惯，最大限度地实现功能对等。

（2）将主语译为宾语

在一些例子中可以找到施动者，也就是动作的发出者，因此可以采取将原文的受动者也就是原文的主语译为汉语句子中宾语的翻译策略。

（3）增加主语

当被动语态中的谓语动词为"think""know""present""learn"等时，这些动词的潜在施动者都是人，表达的是人的感觉、感知、看法、思想等，放在被动语态当中，虽然施动者看似隐藏了起来，在逻辑意义上却是明显存在的。因此在对这类英语被动语态或被动句进行翻译的时候，要以功能对等理论为指导，紧扣原文，在充分理解原文的基础上，采用符合译文读者阅读习惯的策略，将隐含的施动者译出来，即在译文的谓语动词前增加一些泛指性的主语，如"人们""有人""大家""我们"。具有类似用法的动词还有"say""taste""feel""find""believe"等，在被动语态中见到这样的动词作谓语，就可以考虑这种翻译策略。

（4）改变词性

在深入理解功能等理论中词汇对等原则的基础上，结合翻译实践，可以发现翻译实践中很多被动语态的翻译可以通过词性的转变来完成，以达到用"自然"语言服务于目标语读者以及"更贴近"原文的效果。

2. 保留被动语态

在英语被动语态翻译中，在需要强调谓语动词和主语之间的关系时，可以保持原来的被动语态，即可以译为汉语被动句，而汉语被动句一般可分为有标志被动句和无标志被动句。这样在翻译时可以尽力保留原文的形式，并将原文信息全都译出。

（1）有标志汉语被动句

在翻译英语被动句时，有时需要强调谓语动词本身，这时可以保留源语形式，将英语被动句转换为有标志汉语被动句，而有标志汉语被动句主要表现为由"被"字和"由""遭""受"等组成的被动结构。

（2）无标志汉语被动句

在英语中，被动句的使用是一种广泛现象，相较之下，汉语中使用被动句的频率显得较低，因此为了符合汉语读者的阅读习惯，可将英语被动句译为无标志汉语被动句。无标志汉语被动句在含义上与有标志汉语被动句并无区别，只是主语是谓语动词的受动者，有时无须添加"被"字结构，即可表达意义。

3. 译为"把"字句

汉语中的"把字句"是一种常见的句型。在现代汉语里，有一种较为特殊的语法结构，称为处置式。就形式结构上来说它用一个介词性的动词"把"字将宾语提到动词前面。就意义上来说它是主语的一种有目的性的行为，表达一种主动。

因此在对一些被动语态进行翻译时，根据其特点和应用语境，可以考虑将其处理成汉语中的"把"字句。

4.译成无主句

汉语中某些句子无须表明施动者时，通常会省略主语。一般来说，英语中一些不带由"by"构成的短语，且含有情态动词的被动句，均可以译为汉语无主句。

【示例】It should be noted that such laws are probabilistic rather than deterministic.

初译：我们应当指出，这种规律是基于概率的，而不是确定的。

改译：应该指出的是，这种规律是基于概率的，并不具有确定性。

本句中"it"是形式主语，无须表明施动者，"that"引导的从句作谓语动词"note"的宾语，且有情态动词"should"，因此可以将其译为汉语无主句。在翻译时将原句拆译，译为汉语，无主句在内容上体现了原文含义，突出了所要强调的重点。初译中"我们应当指出"，将原文中隐藏的主语"我们"直接译出，但句中强调的是规律本身的特点，所以无须表明施动者，且原文中含有情态动词，因此在改译中直接译为汉语无主句，这样既突出了原文的重点，又符合汉语的表达习惯。

（二）复杂从句的翻译技巧

1.形容词性从句的翻译技巧

形容词性从句的翻译难点主要体现在两方面：一是从句的位置不同，英语中，形容词一般在中心词后，而汉语中，形容词一般在中心词前；二是英语的形容词性从句不仅仅可以起修饰和限定作用，有些时候还可以充当状语成分。很多情况下，在目标文本中，形容词性从句具有并列成分多、从句套从句以及后置修饰成分过长等特点。对于形容词性从句的以上特点所引起的翻译困难，考虑到汉语的表达习惯，可以分别采用从句融合法、语序重组法和结构拆分法来解决。

（1）从句融合法

从句融合法是指把原句中的主语和定语从句融合在一起，译成一个独立句子的翻译方法。连淑能教授在《英汉对比研究》中指出："英语造句常用各种形式手段连接词、语、分句或从句，注重显性衔接，注重句子形式，注重结构完整，注重以形显义。然而，汉语造句少用甚至不用形式连接手段，注重隐性连贯，注重时间和事理顺序，注重功能、意义，注重以意役形。"所以在处理从句中较多的并列成分的问题时，可以遵从以意役形的原则，将原文的信息做适当的提炼和融合。

【示例】This is particularly the case when the volume growth is placed within a time-frame, that is, when the material must be translated by a certain deadline, which in the global era is tighter and tighter.

初译：特别是当数量增长处于某个时间范围内时，也就是说，当翻译工作有了完成期限的时候，这种要求在全球范围内的竞争之下就变得越来越严格。

改译：恰好这种业务增长遇到了资方普遍要求产品完成期限的大环境，这就使得无论哪个地区，对于译者翻译效率的要求都越来越严苛。

句中包含了三个从句，并且其中有两个是并列关系，如果直译会出现主次不分的问题，经过梳理，作者想表达的主要信息是"翻译期限越来越严苛"，因此对其他部分的信息可以采用融合法进行处理，将两个分句融合成一个主句，这样可以保证语句的清晰和流畅，解决了从句成分杂糅的翻译问题。

（2）语序重组法

逻辑常常是隐含在语言和文化背后的东西，译者需透过文字表面把握语言的逻辑内涵。在翻译的过程中，不仅仅要翻译出每个意义单元，还要通过单元联系整体，必要时要重组原句，使翻译更具逻辑性。有些英语长句单纯地使用顺序法、调整顺序法或者分译法都有困难，这就要求我们综合考虑对长句的处理方法，仔细推敲，兼顾上下文关系，按时间先后顺序，或按逻辑顺序，主次分明地对全句进行综合处理，把英语原文翻译成通顺忠实的汉语句子。

在一些文本中往往会存在英语长句结构复杂，包含多层逻辑关系的情况，这种长句的复杂逻辑导致译者很难译出流畅通顺、地道自然的译文。因此可以将原文的语序重新组合，理顺原文逻辑关系，从而确保译文的流畅自然。

【示例】The way in which we are intelligent is not some perfect form to be equalled by another competitor who will only be regarded as a serious rival when they do the things in the way that we do.

初译：我们体现智慧的方式不是完美的，但这种方式其他的物种并不能与我们匹敌，即使他们用我们做事的方法做事，也只是被认为是一个不错的竞争对手罢了。

改译：即使有动物可以模仿人类的举动，我们也只是觉得它们和其他动物相比更聪明，但永远不会认为它们会达到和人类同等的智慧。

这个句子包含了三个从句嵌套式的从句结构，因此在翻译上比较不好下手，译者采用了重组法来对句子进行处理，把结论"其他物种不可能和人类具有同等智慧"后置,然后将最后一级的从句提到最前,由小到大进行处理,这样语句的结构就比较合理,解决了从句中存在多层嵌套的翻译问题。

(3)结构拆分法

英汉两种语言的句式结构有着明显的差异。英语重形合,语句中各成分之间靠衔接手段(如连词或关联词)连接起来,表达语义与逻辑关联;汉语重意合,也就是说汉语句群一般通过多个动词连用,或用流水句形式来表达各句之间的语义与逻辑关联。拆分法就是将长句中某些成分(句子、词组或词)从句子主干中拆开,另行处理,以利于句子的总体安排。在翻译实践过程中,面对英语长句的复杂结构,通常选择使用拆分法来切分并重组长句结构,使译文流畅通顺,避免译文晦涩冗长,确保读者能够更容易接受。

【示例】By this, he means the manner in which technical objects start life as the physical translation of an abstract system and through successive changes come increasingly to resemble individual and concrete objects, with their own internal coherence.

初译:这种现象指的是技术对象从抽象系统中被现实化翻译。通过连续的、越来越多的变化来显得独立出来并具有实体,并具有自身的内在连贯性。

改译:在这里他提到的对象,指的是一项技术,从一个抽象的系统通过不断的物化,变得越来越具有个体性和具体性,从而达到自身内在连贯,转变为一个有生命力的实体。

这句话比较抽象,不好理解,想要翻译必须先梳理句子成分。首先主句部分为"he means the manner",意为"他指的对象是",后接定语从句。定语从句中的成分之间的语义关联也比较复杂,通过拆分法,可以将句子的三个较为独立的成分分离出来,填补逻辑连词,从而使语句更为通顺,解决了从句的结构过长这一翻译问题。

2. 名词性从句的翻译技巧

在一些语料中,往往会出现不同类型的复杂的名词性从句,比如两个名词性从句连用或名词性从句附带不同类型的从句,结构多样。针对不同的复杂的名词性从句,可以采用不同的译法来解决。

(1)连接切断法

刘宓庆认为:"所谓'切断'就是在英译汉时将长句化整为零,在原句的关系代词、关系副词、主谓连接处、并列或转折连接处、后续成分与主体的连接处，以及按意群切断成汉语分句。"切断法是面对较长的复杂句式时常见的翻译方法。切断法是指根据意群把英语长句切分为若干个小短句，使复杂的结构变得清晰明了。

【示例】A 2015 survey commissioned by the Association of American Universities found that more than one in four women at a large group of leading universities said they had been sexually assaulted by force or when they were incapacitated while in college.

初译：2015年一项美国大学联盟委托的调查显示有超过四分之一顶尖大学的女性在大学时遭受过武力胁迫或被剥削的性侵犯。

改译：2015年一项美国大学联盟委托的调查显示：在一大批顶尖大学之中，超过四分之一的女性表示，在大学时她们曾被以暴力方式或在丧失行为能力时遭受性侵犯。

本句中，主句是"A 2015 survey commissioned by the Association of American Universities found"后连接一个由"that"引导的宾语从句，该宾语从句中又嵌套了一个宾语从句"they had been sexually assaulted by force..."，随后还有"when"引导的一个时间状语从句。一个复杂从句中存在多个意群，势必可以进行切分。译者在初译时，按顺序译法翻译为单个长句，显得句子冗长，逻辑关系不够清晰明了。所以在改译阶段，译者根据汉语多短句的特点，按意群将原句切分成若干个短句进行翻译，使逻辑关系更加清晰、译文表达效果更好。

（2）衔接显化法

为了使译文忠实地表达原文的意思与风格，并使译文合乎表达习惯，必须增加一些词语，这就叫增译法。增译法可以用来显化复杂从句中的逻辑关系。英语语句中经常存在一些隐含的逻辑与语义关系。为了准确完整地翻译原文，译者应该根据语境提供的信息挖掘出原文隐藏的信息，增译一些内容，使用衔接显化法对译文进行扩充。

【示例】One consequence of human hubris is to assume that intelligence will always take the human form of the brain and that the crude anthropic form of cinematographic robots is conclusive evidence of their inferior state.

初译：人类傲慢的结果之一是，假定智力只存在于人类的大脑这一种形式中，而摄影机器人如原始人一样的形式则是其劣等状态的确凿证据。

改译：人类认为只有他们的大脑才能具备高等智慧，像摄像机器这样形态原始的机械是不可能拥有智慧的，因为其外观不似人类。

例句原文中并没有直接表明"cinematographic robot"为何是"inferior state"，只有将前文中的内容加以分析和提炼才能明晰其被认为形态劣等是因为没有"the human form of the brain"，所以要将这种关联进行显化，增强主从句间的衔接性。

（3）语态转换法

任丁指出："汉民族喜欢从施事的角度叙述事情，英美民族爱从受事的角度叙述事情。从英汉语言对比的角度讲，英语中被动语态的使用范围比汉语广，数量比汉语多。"由此可见，汉语中多用主动语态，英语多用被动语态。在学术文本中被动语态便于论述客观事实，使文本信息的重点更加突出。由于汉英语言存在这种差异，因此我们可以采用被动主动转换的手法来处理原文。

【示例】In the space of 800 years we have moved from large, leather-bound volumes chained to the tables of monastic libraries to the diskette which can be slipped into a coat pocket.

初译：在800年的时间跨度里，文本的载体，从用链子拴在寺院图书馆桌子上的皮革装订的大卷书，演变成可以塞进大衣口袋的软盘。

改译：八百年来，人们承载文字的方式不断演变，从前人们用皮革将文字记录在巨大的书册上，用链子锁在图书馆桌子上，现在人们使用能够随时随地塞进大衣口袋里的小巧的软盘。

这个句子中的两个从句都使用了被动语态，原文中的主句部分省略了部分宾语，我们（传承文字的方式）从皮革制的书籍演变成了软盘，而且因为原文中两个从句相似的结构，可以认为主动句式是更好的翻译方式，既顾全了汉语言的习惯，又保留了原文的语气。

（4）拆句译法

我国学者简怡认为："应对句中错综复杂的语法结构进行剖析，厘清各成分之间的逻辑关系，以准确理解句子的完整意思，然后，按照汉语的逻辑结构和表达方式对原文进行重新整合。"

恰当地拆分出句子或抽出合适的词放在合适的地方，准确和简洁地表达原文的观点，会使译文更为译入语读者接受，这是采取拆句译法的主要目的。在一个复杂名词性从句中，存在两个或两个以上的从句结构。一些较长的从句中有时会包含若干更低层次的分句，它们前后对应、主从相依，结构错综复杂。若汉译时全盘保留原文的结构则无法实现简洁准确的表达效果，有的译文还会存在汉语理解上的歧义。这时可以采取拆句译法对原文进行重新整合,将译文转换成更为汉语读者所接受的表达方式。

【示例】The most controversial part of the 2011 guidance mandated that college officials use a "preponderance of the evidence "standard, which makes it easier to find students responsible than a "clear and convincing" evidence standard that some schools had been using.

初译:最具争议的部分是2011年的指导方针授权学校使用比一些学校一直使用的"清晰而具有说服力"举证标准更容易将学生定罪的"优势证据"标准。

改译:学校被授权使用的"优势证据"标准比一些学校过去一直使用的"清晰而具有信服力"的证据标准更容易给学生定罪,这是2011年指导方针中最具争议的部分。

这是一个复合句,主句是"The most controversial part of the 2011 guidance mandated",后接"that"引导的较长的宾语从句,该宾语从句中还包含一个"which"引导的定语从句以及一个"that"引导的定语从句。初译采用了顺译法,但译文句子过长,逻辑结构不清晰。改译时,采用了拆句译法,主句和从句分开译出,将宾语从句"that college officials use a 'preponderance of the evidence' standard, which...standard that some schools had been using"单独译出,放于句首,主句"The most controversial part of the 2011 guidance mandated"译为"这是2011年指导方针中最具争议的部分"置于其后,强调争议。使用拆句译法改译的译文结构更加简明,更贴近汉语表达习惯。

3. 副词性从句的翻译技巧

翻译副词性从句时,要根据不同的情况采取合适的翻译方法,不能完全按照英文的语序及用词习惯进行翻译,要结合汉语的语言习惯对原文进行调整,去除翻译中遇到的"翻译腔"等语言问题。

(1)逻辑显化法

语言学家连淑能指出,"所谓形合,指的是句中的词语或分句之间用语言形式手段连接起来,表达语法意义和逻辑关系。……所谓意合,指的是词语之间不用语言形式手段连接,句中的语法意义和逻辑关系通过词语或分句的含义表达。"状语从句隐含着因果、转折和让步等逻辑关系,有时在连接上下语篇时还具有多重作用。为了更好地还原原文的逻辑层次,翻译时需要显化其中包含的隐性逻辑关联。

【示例】Science would be ruined if (like sports) it were to put competition above everything else, and if it were to clarify the rules of competition by withdrawing entirely into narrowly defined specialities.

初译：如果科学家像运动员一样认为竞争高于一切，如果科学家们为了更好地阐明竞争的规则而摒弃现代科学的精细分类，那么科学将被毁灭。

改译：如果科学家像运动员一样执着于互相竞争，甚至意图推翻现有的、学科分类细化的科学体系，制定明确的竞争标准来一分高下，那么现代科学离毁灭的那一天就不远了。

例句中使用了两个条件状语从句，使用并列的手法说明了科学家如果竞争心太强就会导致科学的倒退甚至灭亡，但第一句的逻辑相对明显，"put competition above everything else"，第二句的逻辑关系比较隐晦，"（为了）明确出可以互相竞争的规则，而推翻整个专业化、细分化（的科学体系）"，因为隐含了语义上的关联，所以两个从句之间的联系不强，因此可能达不到和原文同等的功能。译者考虑采用逻辑显化法来对译文进行处理，使用"如果、甚至"来强化两句之间的关联，并将原文中的主语"科学"转换为"科学家"，除去一层被动的逻辑关系。这样译文可以更加流畅自然，从而解决从句中逻辑关系复杂的翻译问题。

（2）结构换序法

原句中较长的修饰语位于句子中间或句末，在单独译为一句或多句时需把它移到句首或改变原来的语序。由于英汉两种语言的状语、定语等成分在语句中的顺序不同，为使译文符合汉语读者的表达习惯和思维方式，应对句子语序进行调整，确保译文地道、自然。

【示例】This is globalization-as-homogenization, a Mc World bereft of difference because under colonialism everything turns out to be a replica, a simulacrum, a copy of a limited set of economically and culturally powerful originals.

初译：这就是全球化，也叫同质化，一个没有差异的麦当劳世界，因为在克隆主义下，一切都变成了一个复制品，一个模拟品，一套经济和文化实力有限的原件的副本。

改译：由于克隆主义盛行，我们身边的每样东西都是复制、模仿而来的，但是复制品会受到经济水平和文化水平的限制，不会像原来那样流行。这就是全球化，也叫同质化，像世界各地的麦当劳一样，不具备差异性。

由于例句的从句结构为原因状语从句，且从句比较长，因此译者首先考虑将状语从句前置，先因后果，调整叙述顺序，本句话的难点在于"a Mc World bereft of difference"应该在哪里插入以及从句中的逻辑关系应如何体现，"一个没有差异的麦当劳世界"应该作主语，但这样的话会使译文语句不通顺，经过考虑，翻译成了"像世界各地的麦当劳一样，不具备差异性"，调换了顺序，扩展了结构，把主语放在了句子的结尾处。从句中"a limited set of economically and culturally powerful originals"原本为并列结构，但译者认为其应该翻译为转折结构，这是根据语义上的关联做出的调整，所以为了语句结构合理，把后半部分和前半部分调换了顺序，解决了从句中心语后置结构冗长的问题。

（3）从句转换法

在翻译过程中为了准确理解原文，应该同时考虑原文的写作环境和上下文语境，以避免误解原文逻辑以及缺乏语境意识等情况的出现。

【示例】It is difficult to see, however, how translation studies could be taken seriously as a branch of human enquiry if all the discipline had to offer to contemporary attempts to understand the new global order was a number of fast-track solutions to maximize translation output and quality.

初译：然而翻译研究是人类调查学的一个重要分支，这一观点还是很难被承认的，因为它对理解新世纪全球秩序所做出的尝试只是加速提出一系列的解决方案，确保最大限度地提高翻译输出的数量和质量。

改译：然而，当今的翻译研究完全侧重于在新的全球秩序下，提供更加有效率和质量的翻译产品，如果这种情况没有改变，那么我们就很难再把翻译研究看作人类调查学的一个分支。

例句中，条件状语从句和主句构成了隐含的因果关系，但原文中"if"表条件，还存在"however"这一关联词，再加上从句结构把原文语意切割开来，因此需要采用从句转换法来对原文进行处理。首先要调换一下叙述顺序，前置从句结构，把"翻译研究的现状"放在开头，然后再按语意顺序将从句结构转换成汉语的意群结构，添加关联词，这样处理的好处是把结构和隐含意义全部转换了出来，更容易使读者理解，解决了从句中关联词功能多样现象所带来的翻译问题。

第三节　英语语篇层面的翻译技巧

一、英语语篇释义

哈里斯认为，语言的书面表达方式是由某些或短或长的且具备连贯性的语段所构成的。

韩礼德和哈桑也持有与之一致的看法，他们认为，语言不是单纯的长短句的罗列和叠加，而是由数量不固定的带有特定沟通目的的句子衔接而成的，这一衔接过程是借由各式各样的衔接手段来实现的。

史铁强则认为，所谓"语篇"，狭义上指文章，广义上指一切言语或言语产品。

根据上述认识，可以发现，虽然不同学者对语篇形式长短有不同的认识，但是无一例外都强调了语篇的关联性和整体性。由此延伸到英语语篇，可以得出一个结论——英语语篇就是由一个以上的交际单位组成并且各成分相互关联形成连贯性的一个语言整体。语篇是书面交际中一种常见的语言单位，是人们在日常或书面交际过程中依托于一连串的段落而搭建出的话语块。

二、英语语篇的翻译技巧

（一）巧用衔接手段

1. 合理运用语法衔接

语法衔接是指借助语法手段来达到语篇衔接的方式，其主要分为四类：照应、替代、省略和连接。

（1）照应

在语篇中，如果对于一个词语的含义不能从词语本身获得，而必须从该词的所指对象中寻求答案，这就产生了照应关系。照应主要分为：人称照应、指示照应和比较照应。

①人称照应。人称照应是指人称代词、物主代词与其指代对象之间的对应关系。常用的人称照应词有 he、she、it、they、him、her、them、its、their 等。

【示例】If it be true, as we are told on high authority, that the greatest glory of England is her literature and the greatest glory of English literature is its poetry, it is not less true that the greatest glory of English poetry lies rather in its dramatic than its epic or its lyric triumphs.

译文：有人言之凿凿地告诉我们，英国最大的荣耀是她的文学，英国文学最大的荣耀是它的诗歌。如果这是真的，那么英国诗歌最大的荣耀就在于它的戏剧诗而非其史诗和抒情诗也同样是不容置疑的。

上述例句中共有四处用到了形容词性物主代词"its"，其中第一处"its"回指前面的"English literature"，后三处均回指前面的"English poetry"，它们都与其所指代成分形成了照应关系。但英语重形合而汉语重意合，因此在翻译时应尽量避免使用代词，且照应词的指代意义也并不需要一一译出。如上述译文，前两处采用了直译法，第三处为了避免与第二处重复造成指代不明的问题，使用了更符合汉语表达的"其"，第四处采取了省译法。这样一来，译文上下衔接更加紧密，语言也更加通顺流畅了。

②指示照应。指示照应指用指示代词或相应的限定词以及冠词所表示的照应关系。英语中常见的指示照应词有 this、that、these、those、the、here、there、now、then 等，就其所指的时间和空间概念来说有近指、远指之分。而在汉语中除了这些相应的指示照应词外，常用作指示限定词的有"本、此、该"等。因此，翻译过程中一定要考虑到汉语与英语表达的一些不同之处。

【示例】This discovery is only less curious and precious than a later revelation which we must accept on the same authority, that "Comus" was written by Sir John Suckling, "Paradise Regained" by Lord Rochester, and "Samson Agonistes" by Elkanah Settle.

译文：这一发现还不算什么，我们必须接受的是，源自同一权威，后来还有一项更令人诧异、更弥足珍贵的研究，该研究竟然提出，《科摩斯》是约翰·萨克林所作的，《复乐园》是罗切斯特伯爵所作的，《力士参孙》是埃尔卡纳·塞特尔所作的。

在上述例句中，指示代词"that"与后面内容属于同位关系，回指上文中提到的"revelation"，并与其形成了照应关系，若将"that"直译为"那就是"则割断了与前文的联系。因此译文照应上文将其译为了"指示限定词（该）+研究"，这样被照应成分就体现得更加明显，译文读者也更易于理解。

③比较照应。比较照应就是用对比事物相同与否的形容词或副词及其比较级所表达的一种照应关系，其可分为总体比较（对事物相同与否的比较）和具体比较（对事物质量和数量的比较）两种。在表示总体比较时，常用的表达有

identical/identically、equal/equally、different/differently 等；在表达具体比较时，常用的表达有 better、more、less、so 等。

【示例】These passages are all thoroughly in keeping with the general tone of the lesser work: it would be tautology to add that they are no less utterly out of keeping with the general tone of the other.

译文：这些段落完全与那部较逊色的作品在总体风格上保持一致：说它们完全与莎士比亚作品的总体风格不相符，不过是重复一句正确的废话。

上述例句中比较级形容词"lesser"就体现了比较照应的衔接手段，且为具体比较。它与前文中提到的"更为伟大的诗人"形成了照应关系。这里需要补充一下该句的背景，即句中"these passages"指代原文中提到的更为伟大的诗人莎士比亚作品《麦克白》中的一些段落，这些段落经常由一些编辑者插补他们从较次一点的作者那里借用来的内容而惨遭污损与恶意破坏。"lesser"一词与前文中《麦克白》这样的伟大著作形成质量上的照应关系，因此译文将"lesser"一词译为了"较逊色的"，这样便突出了比较的韵味，也能使译文读者快速捕捉到其所照应的对象。

（2）替代

在韩礼德和哈桑的衔接模式中，替代是指一个语言项目被另一个语言项目所取代，即通过取代前句中某一语言项目建构句际衔接，使用替代可避免语句重复。替代分为三种方式：名词性替代、动词性替代、小句性替代。由于篇幅有限，接下来就其中的一种通过具体的案例分析详细阐述其在语篇连贯中的体现。

【示例】It seems appropriate, then, to provide some theoretical considerations about the extent to which tradition ought to, and, indeed, does, relate to human beings' modes of relating to themselves, to each other, and to society at large.

译文：那么，提供一些理论上的考虑似乎是合适的，这些考虑是关于传统应该在很大程度上，而且确实在很大程度上与人类的自我关系、相互关系以及与整个社会的关系模式相关。

本案例包含并列、修饰等多种语法关系。其中"does"一词的翻译，译者经多次修改仍觉不妥。仔细阅读韩礼德和哈桑关于替代的相关内容之后，发现"does"属于动词性替代的一种，表示强调。

经过分析整个句子的逻辑语法关系之后,将其译成"而且确实在很大程度上",既突出了原文的强调作用,同时又展现了语篇的连贯性。动词性替代在英语中是很常见的替代方式,尤其是在口语中。处理这种替代关系时,应尽量做到表达清晰、信息明确,不能照搬原文的句法结构和顺序,这样不仅容易曲解原文意思,而且无法对译文的连贯性起到作用,因此需要仔细考虑原文的语篇衔接方式,以便准确传递原文信息,重构语篇连贯效果。

(3)省略

省略是指为了避免重复把语言结构中的某个部分省去,其主要包括名词性省略、动词性省略和小句省略,其中小句省略常出现于对话类文本中。由于篇幅有限,这里着重分析探究名词性和动词性省略的翻译。

①名词性省略。名词性省略是指名词词组内的中心词的省略,中心词与部分修饰成分的省略,以至整个名词词组的省略。

【示例】Dekker would have taken a high place among the finest if not among the greatest of English poets if he had the sense of form—the instinct of composition.

译文:假使德克尔有形式意识——有创作者谋篇布局的本能——那他即便不在英国最伟大的诗人之列,也应该会在英国最优秀的诗人中占有一席之地。

很明显,句中"the finest if not among the greatest of English poets"是一处省略结构,为了避免重复,if 从句前面的"the finest"后面省略了"of English poets"这一部分。由于省略部分与句子整体意义联系紧密,因此翻译时采用增译法对省略部分进行了还原,将其译为了"英国最优秀的诗人",使上下文的联系更加密切。此外译文中这一部分的重复也凸显了作者对德克尔文学才能的肯定。

②动词性省略。动词性省略常指动词词组内动词的省略或整个动词词组的省略。

【示例】Of the two poets occasionally associated with Middleton in the composition of a play, Dekker seems usually to have taken in hand the greater part, and Rowley the lesser part, of the composite poem engendered by their joint efforts.

译文:在戏剧创作中与米德尔顿偶有合作的两位诗人中,德克尔似乎通常承担了二人合写的那首诗的较大部分,罗利则承担了较小部分。

上述例句中,"Rowley the lesser part"这一部分省略了动词词组"seems

usually to have taken in hand",省略部分在上文中可以找到。由于汉语中很少省略动词,所以译者对这一部分采用了"增译+省译"的方式(增译了动词词组中的动词,省译了动词词组中与上文重复的修饰成分),将其译为了"罗利则承担了较小部分"。

(4)连接

连接是指通过连接成分体现语篇中各种逻辑关系的衔接手段,韩礼德与哈桑将其分为了四种:加合(增补)、转折、时间和因果。

①加合。加合就是在表述完一句话后,还有补充的余地,可以在此基础上再增加一些信息,常见的连接词有 and、also、further 等。

【示例】It is a play of quite exceptional freedom and audacity, and certainly one of the drollest and liveliest that ever broke the bounds of propriety or shook the sides of merriment.

译文:这是一部特别无拘无束、无所顾忌的戏,也无疑是有史以来打破礼仪规矩,让人开怀大笑的最滑稽、最生动的戏剧之一了。

汉语中常用"也、还"等词来表示增补关系。例句中连接词"and"代表增补关系,因此译者将此处的"and"按照汉语表达习惯译为了"还"。

②转折。所谓转折是指前后两句表达的意义截然相反,常用连接词有 but、however、although 等。除此之外,文本中还常会借助标点符号来表达转折关系,这在一定程度上使得其语言较为晦涩难懂,译者需要仔细把握其中的转折意味。

【示例】But even Webster's men seem but splendid sketches, as Tourneur's seem but shadowy or fiery outlines, beside the perfect and living figure of De Flores.

译文:但与德·弗洛雷斯完美生动的形象相比,即使是韦伯斯特笔下的人物也不过是技艺高超的速写,而图尔纳笔下的人物也不过是或模糊朦胧或激烈火爆的轮廓。

上述例子中共用到了三处"but"。其中第一处"but"后的内容与前文所描述的韦伯斯特和图尔纳作品的出色之处形成了转折关系,而后两处"but"后面的内容均与"perfect and living figure"形成了反义转折。此外,第一处"but"后接的是句子,而后两处"but"后接的是名词词组,为了凸显原文语篇的层次性,译文按照汉语表达习惯将其处理为了"但……也不过是……也不过是……"。

③时间。时间连接是指反映事件发生的先后顺序或不同事件同时发生的连接语义。

【示例】It is, however, but too probable that the reader's enjoyment may be crossed with a dash of exasperation when he finds a writer of real genius so reckless of fame and self-respect.

译文：而很有可能，在读者发现一个真正有天分的作家竟然如此不顾名望、如此不懂自尊后，他的欣赏也会夹杂着些许愤怒。

"when"在语义上表示"当……的时候"，但在该句中通过上下文可知"when"连接的成分"find"与上文的"be crossed"之间暗含先后顺序，二者不能同时发生。译文将该词译为"在……之后"符合原文作者所要传达的语义，体现了时间上的衔接关联，同时符合事实逻辑、语义通顺。

④因果。因果关系作为一种常见的逻辑关系，是语言中常用的一种表达方式。中西两种语言对因果关系的定义大同小异，其中不乏近乎对等的表达，但这并不代表英汉两种语言对于因果关系的逻辑表达方式完全一致。英语中，有些因果关系的表达需要借助一些因果标志词来体现，但是很多时候也不一定使用因果连词将其和盘托出，而是体现在意思上、逻辑的内在关系上。这就给原文中含有隐含因果关系的句子的理解和翻译带来了一定的困难。

在英语中，表示因果关系的连接词有 as、because、thus、for、as a result 等。由于英汉两种语言存在差异性，有时英语会隐藏其因果关系词，因此在翻译时译者需要添加合适的关联连词，将语篇中的因果关系进行显化处理。

【示例】The effect is likely to be amplified since, in past recessions, global trade has slowed faster than global growth.

译文：在过去的经济衰退中，全球贸易放缓的速度快于增长的速度，因此这种影响可能会被放大。

该例句中的"since"是连接词，连接前后两个句子。分析得出"since"后面引导的句子是在具体阐述前面句子的原因，由于出现后面的情况，才会产生前面的结果，是一种因果关系。在翻译时，译者依照汉语先阐述原因、后得出结论的表达习惯，先调整了语序，将表示结果的"The effect is likely to be amplified"放置句末翻译，并增译了"因此"这一表示因果关系的连接词，使前后文衔接紧密，更符合汉语的表达习惯。

2. 合理运用词汇衔接

所谓词汇衔接就是借助词汇来实现句子或语篇的衔接与连贯，韩礼德与哈桑将其大体上分为两种：重述与搭配。

(1) 重述

重述主要包括两种：一种是重复，即在同一语篇或语段中重复两次或两次以上使用一个词项或多个词项；另一种是使用同义词，其中同义词所指代的对象必须是同一个。

【示例】The name of Shakespeare is above the names even of Milton and Coleridge and Shelley: and the names of his comrades in art and their immediate successors are above all but the highest names in any other province of our song.

译文：莎士比亚的名号甚至比弥尔顿、柯勒律治和雪莱的还要响，而在我们的诗歌领域，他的同辈同仁以及紧随其后的后继者的名号，则是在这几位最杰出者之下，在所有其他诗人之上。

上述例句中共涉及了重复、转折、增补三种衔接手段。就词汇重复而言，利用恰当的话，能够达到语篇连贯、主题和中心思想突出的效果。上述例句中重复使用"names"三次，突出了本句论述的焦点就是"名号"，因此译文将前两处按原意译出，后一处考虑到上下文的语意衔接对其进行了省译。就转折而言，本句中的"冒号"就充分体现了这一衔接关系，对此译文增译了"而""则"等字。就增补而言，"and"后面的部分实则是对上文的补充和扩展，译者对其进行了省译。

(2) 搭配

搭配指的就是词汇同现，且同现的词汇在语义上通常都是有联系的。

【示例】The sun is strong and the wind sharp in the climate which reared the fellows and the followers of Shakespeare.

初译：烈日当空，狂风怒号，正是这种气候培育了莎士比亚的同伴和追随者。

改译：烈日当空，狂风怒号，正是这种文化艺术气候培育了莎士比亚的同伴和追随者。

"the sun""the wind"和"the climate"这三个词在语义上存在着密切的联系，它们同时出现在一个句子中可以起到非常显著的衔接效果。该句中"sun"和"wind"本身就暗含了天气状况之意，与"climate"搭配使用意义有些许重复。译者在翻译时并未直接将该搭配按照字面意思译出，而是将"climate"与后面的定语从句联系在了一起，实现了该搭配的衔接效果。此外，需要注意的一点是，这一搭配运用了隐喻的修辞手法，即莎士比亚同时代的这批人之所以这么出色，是因为整个社会文化艺术氛围的气候使然。对于这一点初译并未做出相应处理，而改译则增译了"文化艺术"一词，于不经意间点出了隐喻的存在。

（二）重建连贯结构

译语语篇的连贯结构源于但不等同于源语语篇的连贯结构。有时候，仅仅通过调整语法衔接和词汇衔接不足以保证语篇的连贯，还需要合理安排各语义成分的序列，从而在语义层面同样能达到连贯效果。语义连贯也是语篇连贯的重点内容，翻译的过程中，译者对语义的关注往往都是在词项之间的语义关系上，而这些词项不是独立存在的，它们存在于句子之中，更存在于语篇之中。王东风曾说："语篇的总体连贯是建立在句际连贯的基础之上的，句际连贯是建立在词际连贯的基础之上的。"因此，这里主要从词际连贯和句际连贯两个方面来分析原文语义连贯的特征，结合一定的翻译方法和翻译技巧，使原文的语义信息在译文中流畅地表达出来，达到重构语篇连贯的目的。

1. 词际连贯

在英语语篇翻译实践中，介词、代词等虚词的合理使用不仅能够用简单的语言传递复杂信息，而且还能体现英语形合的语言特点，使得句子之间的联系更加紧密，原文的词际连贯效果也得以呈现。词际连贯，即小句之内各词汇之间的搭配，不仅要求词与词之间能够构成有效的形式连贯，而且要求这一连贯能同原文概念所指的实物、行为或特征之间构成有效的语义连贯。

英语中的介词和代词的使用频率远远高于汉语，而作为频繁使用的功能词，英语介词和代词在形式上起到连接句子内部各部分的桥梁作用，同时又包含着丰富的语义关系。英语构句靠着一批关联词连接，句子的成分可以很自然地扩展、增加，而且无论一个英语句子有多长，只要关联词在其中"穿针引线"，句子仍然是结构严谨、层次分明的。而英语介词就可以发挥关联词的作用，可以翻译为动词、名词、代词等多种形式。

一个句子的复杂程度不是由从句的多少决定的，而是由它包含多少介词和代词决定的，对这些介词和代词的理解才是翻译路上的拦路虎，因此，探讨介词和代词在词际的连贯作用是非常有必要的。

【示例】The Enlightenment was characterized by a belief in progress on the basis of an independent and individual use of reason, and the renunciation of traditionalism and authoritarianism, which included the rejection of ritual practice.

译文：启蒙运动的特点是，相信进步是建立在独立和理性的自由选择的基础之上的，也是建立在摒弃传统主义和独裁主义之上的，其中包括摒弃传统礼仪。

本句话接连出现了"by""in""on""of"等多个介词。其中第一个介词"by"是被动语态的标志，第二个介词"in"表方式，第三、四个介词是短语"on the basis of"的固定搭配，最后两个"of"是对之前名词解释说明。通过对介词所作成分进行详细梳理，发现"a belief"是对"by"的进一步解释说明，这里将名词"belief"译为动词"相信"，并增译"建立"，同时后面的"and the renunciation of traditionalism and authoritarianism"与前句是并列关系，同时增译"建立"，这样将介词或名词译为动词，符合汉语多用动词的表达习惯。最后一个非限制性定语从句中，也包含了一个"名词+of"的结构"rejection of"，这里也将其译成动词"摒弃"，符合汉语的表达习惯。

另外，介词在英语中大多数情况下只有语法意义，在不同语境下，或者与某些名词、动词、形容词或副词结合之后会凸显介词的词汇意义。原文中的介词"in"和"of"本身不具备词汇意义，这里将其分别翻译成"建立"和"摒弃"，处理成动词，赋予其词汇意义。有些时候可以通过分析介词的语义关系来梳理介词在句子中的逻辑关系，挖掘原文的语义逻辑关系，从而再现语篇的连贯性。

2. 句际连贯

王东风认为"句际连贯的范围可以是临近句之间的近距连贯，也可以是非临近句的远距连贯，乃至跨章跨节的超远距连贯"。在英语语篇翻译实践中，由于中英两种语言在思维方式等方面存在差异，在表达上无法做到完全一致。因此，如何理解原文的内容和逻辑之间的关系，是翻译实践中着重解决的问题。

句际连贯指（小）句与（小）句之间的连贯，要求（小）句与（小）句之间不仅要有结构上的连接，而且还要有深层次的语义和语用关联，也就是要文理通顺。句际连贯是语篇连贯的重要组成部分，这在原文中有诸多表现，不仅仅是因为原文中包含着许多复杂的长难句，还因为这些句子在语义和逻辑结构上给翻译带来了一定的困难。

以下就句际连贯中的典型案例来梳理其句子与句子之间的语义联系和逻辑结构，按照汉语的表达方式和语言习惯展现出来，实现语篇连贯的重构。

【示例】There are, of course, many things that are "handed down" from generation to generation; there are many "traditional" things.

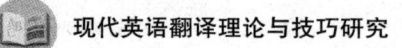

初译：当然，很多东西都是一代"传"一代的；有很多"传统的"的事物。

改译：当然，很多东西都是一代"传"一代的，其中包括很多"传统的"事物。

本句包含两个简单句，都属于"there be"句型，看似简单的两个句子，实则联系非常紧密。最初将其直接翻译成两个句子"当然，很多东西都是一代'传'一代的；有很多'传统的'的东西"。可是，结合上下文，发现这样翻译体现不出原文的连贯性，句子的审美全无。因此将其整合，把第二个"there be"句型融合到一个"there be"句型中，译为"其中包括很多'传统的'事物"。这样翻译使两句合译为一个句子，虽然改变了原文的句子结构，却将句子与句子之间的语义连贯体现了出来。如此，不仅将原文中句子之间的语义逻辑完整地体现出来，同时也提高了整个语篇的连贯性。

适当的衔接方式和翻译技巧的运用可以改变原文的衔接方式，使得句子之间的语义关系更为紧密。译者应充分认识原文和译文在衔接手段方面的差异，适当地选择译入语读者所能够理解的衔接手段和表达方式，从而实现语义和语篇的连贯。

第六章　英语各类语体的翻译技巧

语体是由于交际方式和活动领域的不同而形成的言语特点的综合，其类型多种多样。针对英语各类语体的翻译，应当注意从翻译实践出发，结合相关学者的观点和个人的翻译体会，以便更好地分析各类英语语体的特征和翻译技巧。

第一节　新闻语体的翻译技巧

一、新闻语体释义

（一）新闻语体的定义

有学者认为新闻语体是指以客观、精确、简洁为特征的报纸新闻（狭义上的消息）的语言形式，它是现代汉语书面语体的一类。这种书面语体主要包括文学语体、政论语体、科技语体、事务语体等。显然该定义没有正确地界定新闻语体的使用范围，仅针对报纸新闻而言却欠缺对新闻其他承载方式的考虑，如电视、广播、互联网、手机等。相对而言，我国学者辜夕娟对新闻语体的定义更能反映其实质。她认为，新闻语体是指人们在言语交际时，为了适应新闻交际领域、目的、任务的需要，运用全民语言传播新闻信息而形成的语言特点体系，是以传播功能为标准区分出来的语体类型。

（二）新闻语体的特点

1. 信息性

新闻是对新近发生的事实的报道。新闻的价值反映在其承载的信息上，新闻报道运用简明、通俗的语言文字将信息传递给受众。这个过程实际上是一种信息的传播过程。在新闻语体中，为了实现信息快速有效地传播，措辞上会更加浅显易懂，表达上会更加规范严谨。

2.专业性

新闻一般是面向广大人民群众的,具有广泛性,这一特性决定了其在遣词造句时要考虑到各个不同社会群体对新闻的接受程度。例如,对有身体伤残的人士不得使用"残废人""独眼龙""聋子""瞎子""盲人"等具有歧视性的词语。还有,在报道各种产品时不得使用"最佳""最好""最著名"等具有强烈评价色彩的词语。

3.真实性

真实性是新闻的生命,脱离了真实性的新闻便无异于文学作品。新闻是对事实进行准确的报道和描述,以达到传播信息的目的,因此在语言表达上多采用平实朴素的表现手法,不矫揉造作、哗众取宠。

二、新闻语体翻译

(一)新闻标题的翻译

作为新闻的重要构成要素,标题对新闻起引导、概括和提示的作用。新闻标题通常被视作新闻报道的"眼睛",是对新闻主题思想的高度凝练,能清晰表达新闻作者的立场、态度、评价和判断,在新闻报道与读者之间架起了一座沟通的桥梁。

由于英语新闻标题要起到提纲挈领的作用,其遣词造句更需简洁凝练,因此译者在翻译新闻标题时要注意中英文标题在词汇、语法等方面的差异性,兼顾目的语的表达习惯,在遵循忠实、通顺原则的基础上,灵活运用翻译技巧,尽可能完整传达原标题的内涵。

【示例】In the Flames, a Fear of Spiraling Chaos

Spreading Chaos Leaves a Nation on Edge

译文:熊熊烈火,骚乱恐惧

骚乱蔓延,家国动荡

英文标题的语言简洁质朴,汉语标题则更注重文采,注重交代新闻事件所涉及的人名、地名、国家以及具体的背景事件等要点信息。因此,汉译时需要适当补充背景信息,以便于目的语读者理解。此例标题是描述美国街头上人们对警察暴力执法的抗议活动持续升级。"In the Flames, a Fear of Spiraling Chaos"是该新闻报道的正标题,直译为"熊熊烈火,骚乱恐惧",忠实而达意。由于该标题出自《纽约时报》，而《纽约时报》为美国出版的报刊，因此译者应以美国本国视角去翻译，若从第三视角传达原文，则在意思传达上会有所出入，因此译者将副标题"Spreading Chaos Leaves a Nation on Edge"中的"Nation"具体译为"家国"。因为新闻标题需简洁凝练，所以将"Spreading Chaos"译为"骚乱蔓延"，意思传达准确，且符合汉语表达习惯。译者将"on Edge"转换词性，译为动词"动荡"，简明扼要且传神达意。

作为新闻报道的题眼，标题在词汇、形式等方面具有其自身的特色。译者在翻译英语新闻标题时，需要注意中英文标题在词汇、形式上的差异性，兼顾汉语表达习惯，在遵循忠实达意、准确、可读原则的基础上，灵活运用翻译策略和方法，如此便能保留新闻标题的神韵与内涵，达到吸引读者眼球之目的。

（二）新闻词汇的翻译

新闻报道是信息传播的重要载体，涉及了社会生活各方面的不同事件与信息。英语新闻工作者往往会运用诸多写作手段和修辞手法来将新闻内容传递给读者。在新闻报道中，词汇是最基本的语言表达要素。因此，译者在翻译英语新闻报道时，应当巧妙利用英语新闻报道的词汇特点，兼顾汉语新闻报道词汇的语用特点，使用一定的翻译技巧，将新闻词汇传神达意地展现给读者。

1. 词性转换

翻译的最终目的是实现与原文的信息对等和功能对等，因此，词汇转换是必不可少的环节。

【示例】Yet not fitting N95 masks correctly can negate their benefits—as can touching the front of a mask or taking it off in the wrong way and so contaminating your hands.

初译：尽管不正确佩戴口罩会降低其效果，但是触摸口罩正面或者使用不正确的方式脱下口罩，同样会污染你的双手。

改译：然而，错误佩戴N95口罩，会削弱其防护功能，人们触摸口罩外部或者以错误方式脱下口罩，同样会造成手部污染。

该句的意思是，"N95"口罩使用不正确，会造成口罩防护功能下降，也会污染双手。"contaminating your hands"如果逐字翻译，则为"污染双手"，对应的逻辑主语是前面的所提到的"错误佩戴口罩"这一行为。本来"错误行为污染双手"这样的逻辑没有出错，但是该文本属于措辞严谨、表达规范的科技新闻，这样的译文过于口语化，没有凸显此文本的专业性。将动词"contaminate"转为名词，译为"造成手部污染"，整个句子的主语依然是"错误使用 N95 口罩"，把"hand"作为修饰限定词，搭配合理，而且"手部污染"是个名词，表述更具有客观性和专业性，语义更为明确，符合新闻客观专业的特点。

2. 俚语翻译

俚语是一种非正式文体，因此使用俚语能使新闻文体的语言显得更生动、更地道。难怪有人曾夸张地说："我们不张口则已，一张口就用俚语。"然而，俚语的翻译绝非易事，俗话说"以雅译俗易，以俗译俗难"。译者在翻译前应先充分了解源语国家的文化背景，再将其完整准确地输入目的语中，避免信息语义的缺失，实现文化对等。

新闻译者应在了解俚语的文化背景、语义特点的基础上，遵循文体对等的翻译原则，努力实现俚语翻译的雅俗共赏。

词汇是构成新闻语篇的最基本的语言表达要素，因此，译者需对相关翻译实践中所涉及的词汇翻译案例进行深入分析，总结出一定的词汇翻译技巧，如词性转换和俚语翻译等，将新闻词汇传神达意地再现给读者。

（三）新闻语句的翻译

要想译好英语新闻，首先得处理好新闻中的语句，因为句子是自然的理解和记录思想的单位，也是自然的翻译单位。英语句法表达重形合，句中各成分常用各种连接词进行有形连接，以表示其结构关系；而汉语句法表达重意合，句中各成分多靠内在结构、语义的贯通和语境的映衬，不注重句子外在的有形连接。因此，英语新闻报道中长句居多。译者在翻译英语长句时，首先要判断出句子类型；其次要分析句子结构成分。通过层层分析，将长句化繁为简。译者还需注意英汉句子结构上的差异，采取适当的翻译策略，灵活处理原文结构，将原文内涵传达给目的语读者，实现信息对等。

（四）新闻语篇的翻译

新闻翻译的策略和技巧在段落和篇章层次上主要解决句子及句子之间的逻辑连接问题。语篇是一个有机的整体，它传递的是一个完整的信息，译者关注语篇，把握上下文语境，就能对原文内涵有深入理解，避免以偏概全的错误。

1. 语篇重构

新闻语体的译者应当关注深层含义，寻求原文与译文在整体意义上的呼应，这需要译者综合考虑整个语篇范围再翻译。因此，英语新闻汉译时会不可避免地涉及汉语语篇重构，即在逻辑顺序、语义层次和篇章布局等方面对原文进行必要的调整与重组，以符合汉语行文表达规范。

2. 语篇的衔接

译者在汉译新闻时，不仅要确切地理解原新闻报道的内涵与意义，而且还需注意具有衔接作用的功能词，把此类功能词或短语表达的不同含义，如因果、条件、转折、让步等都通过译文淋漓尽致地表达出来。

由此可见，从语篇层面对篇章全盘进行审视和考虑，注意语篇上下文的衔接、语篇的重构、源语和译入语的表达差异，译者才能将原文内涵尽可能传达得淋漓尽致，读者方能更好地把握新闻报道的要领。同时，译者还要着眼于新闻语篇中所涉及的意识形态问题，妥当处理译文，只有这样译文才会主题明确、立场无偏差，从而准确传达出原新闻报道的信息。

第二节　文学语体的翻译技巧

一、文学语体释义

文学语体是为文学服务的语言变体。文学是语言的艺术，是用语言塑造形象以反映生活、表达作者思想感情的艺术。在文学领域中，不同体裁形式所使用的语言具有独特的美学功能，与艺术活动特有的形象思维相联系。因此，根据不同文学体裁的语言特征应使用不同的翻译策略。

文学语体具有独特的审美功能，为了传达出原作的美学功能，应在翻译前准确把握文学语体的基本特征。

首先，需要指出的是，文学具有多语体性特征，翻译时需要注意所译段落的语体，这是因为作者有时需要用其他语体表现艺术思想，以达到一定的美学目的。

其次，在其他交际领域，语言主体直接叙说思想感情，而在文学作品中，作者的思想感情常常通过他所塑造的人物形象来表达。

最后，文学语体的翻译还要注意原作作者所具有的独特的个人语言风格。

二、文学语体翻译

如果把翻译看成一门艺术的话,那么文学翻译则是最高层次的艺术展现。文学翻译除了具备翻译活动的一般特征以外,还具备一种特殊的性质,即它是一种再创作活动。文学创作是一种语言艺术,文学翻译本质上也是一种语言艺术。这里主要以莎士比亚的四大悲剧之一的《麦克白》为例,对文学翻译的技巧进行具体介绍。

(一)翻译中的视角操作

当代翻译研究认为,传统译论仅仅重视"忠实""对等"概念,有一定的局限性。当代翻译研究承认译作与原作有差异性。翻译是译者识解原文,并将识解内容重构,呈现给读者的过程,因此也可以说翻译是一个识解的过程。识解视角的不同,会引起翻译文本的不同,这些会体现在具体的语言处理上,包括词汇、句法等。译者也可以通过对词汇、句法的处理来达到自己的翻译目的,因此语言学家可以通过译者对译本的处理方式探索译者认知、识解的操作过程及其制约因素。

1.主客体关系操作

主体与客体的存在,就涉及主观性与客观性。在语言表达中,说话者和听话者都作为主体存在。语言不仅是由词汇和语法堆积起来以传递信息及传递文化的代码,还表达了主体间的情感态度,这体现了语言的主观性。主观性是指话语中或多或少总是含有说话人"自我"的表现成分,说话者在说话的同时,也表明了自己对所说话语的态度、立场及情感,从而在表达中留下痕迹。在语言中,主观性用明确的形式来编码,或者一个语言形式经过历时演变而获得主观性的表达功能,我们将这一过程称为"主观化"。文学作品中所呈现的故事也是原文作者在与这个世界的互动体验中,根据自己的视角创造出来的,所呈现的文字具有原作者的主观性。翻译过程实则是一个寻求与原文语篇"主观化"的对等过程。译者作为原作的读者,会受其主观性的影响,不同译者会选用不同的语言表达个人的主观态度和情感。因此,探讨翻译中的主观性具有重要的意义和价值。

译者在翻译文学作品时,根据自己选择的视角将译本呈现出来,这个过程具有译者的主观性。读者在阅读译本时,也包含一个主观识解过程,会根据自己的视角形成个人的理解。因此,研究者在分析译本的主观性时,需要考虑到三个视角，分别为作者视角、译者视角以及读者视角，也就是要考虑三方面的主观性，分别为作者的主观性、译者的主观性以及读者的主观性。下面我们将通过《麦克白》的不同译本来分析主观性与翻译技巧。

【示例】So foul and fair a day I have not seen.

译文1：如此天气从未见，又阴沉，又灿烂。（辜正坤译）
译文2：像这样又阴沉又清朗的一天，我从来没看见过。（戴望舒译）
译文3：我从来没有见过这样阴郁又光明的日子。（朱生豪译）
译文4：这样又清朗又混浊的天气我真没见过。（梁实秋译）
译文5：我从未见过这样坏，这样好的一天。（卞之琳译）

不同的译者对于"So foul and fair a day I have not seen."有不同的翻译，这体现在词汇的选择和句型的安排上。因为译者在翻译过程中根据自己的视角进行了主观识解，体现了译者的主观性。在认知产出语言的过程中，说话者通常会把视点放在句首突出。同样，句首所传递的信息通常也是读者关注的焦点。原文中，作者将"foul and fair a day（阴沉又晴朗的一天）"置于句首，再描述"I have not seen（我从未见到过）"。

从作者视角来看，作者将视点放在对天气的描述上，作者的主观性体现在以场景烘托氛围，给读者营造一种神秘之感，同时"I"作为主体出现在客观场景中。根据兰盖克对认知识解中主观性的论述，主体作为客体出现在客观场景中，会使语言表达的客观性更强。我们再分析译本的处理，除了辜译本，没有将"I"译出，其他版本的译本都有译出，尽管它们放在了不同的视点上。因此，相较于其他四个译本，辜译本的主观性更强，因为主体"I"并未出现在译文中，辜译本对这句话的描述是主观识解的，同样读者识解这句话的辖域会更大，这时，读者视角的主观性也更强了。

此外，辜译本、戴译本以及梁译本都把对天气的形容放在了句首，也就是焦点位置，和原文作者视角中的视点相对应，这时译者的主观性体现在译文与原文的视角对等上，而朱译本和卞译本的主观性体现在译者对原作的视角进行了转化，将"我"翻译在前，这样的表达更符合常规的句法表现形式，但这也影响了读者对原作的理解。

2. 视点操作

视角的一个次维度是观察格局。在一个观察格局中，视点是指了解客观场景的位置。语言中,选择不同视点会有不同的识解,对于同一场景表达,我们会因视点的不同而产生不同的语言表达形式。同样,在翻译中,译者对同一文本的理解,会因为视点的不同选择而产生不同的译本,这些也体现在具体的词汇和句法中。

【示例】Dismayed not this our captains, Macbeth and Banquo?

译文1:那咱们的将士麦克白和班柯该不会垂头丧气?(辜正坤译)

译文2:这种情形可不是要使我们的麦克白和班考将军惊慌失措了吗?(戴望舒译)

译文3:我们的将军们,麦克白和班柯有没有因此而气馁?(朱生豪译)

译文4:这不使我们的将官马克白和班柯吓怕吗?(梁实秋译)

译文5:这并不惊慌了我们的大将麦克白和班珂吧?(卞之琳译)

在此例中,可以看到,不同译者对原作进行了不同的翻译,这是因为译者们所选择的视点不同。原作者将"dismayed"放在了句首,这符合莎士比亚诗歌的特点,往往将动词或形容词放在最显著的位置,这个动词是为了表明战争场面的可怕性,原作中作者的视点应是放在战争场景上的。

辜译本和朱译本中的视点落在"咱们的将士麦克白和班柯"和"我们的将军们,麦克白和班柯"上,他们的视点都落在了麦克白和班柯这两个人物身上,对这两个人物是否英勇直接发出疑问,这两位译者都选择了视角转换。

相比之下,戴译本、梁译本以及卞译本中的视点落在"这种情形""这"和"这"上,三位的译本的视点都落在上文中所描述的危险血腥的场景上,着重强调情形的严峻,他们更多的是想通过战争场面的可怕来侧面反映麦克白和班柯的性格特征,他们的译本和原作的视角是对等的。

因此,在五种译本中,译者因选择不同的视点,产出不同的翻译,这也会引导读者在阅读文本时产生有不同的侧重点和关注点。

(二)翻译中的选择操作

对于英汉两种语言的母语者而言,其认知识解的方式一定是有所差别的,译者可以充分发挥主体作用基于不同的选择维度完成对原文的翻译。选择维度下的侧显和详略度之间联系密切,侧显主要是指一个事物或场景的焦点,而详略度中的"详"也表示了对事物或场景的某一方面的突显,对此方面做出精细化处理。语言学的相关学者认为人类基本的认知方式之一就是隐喻和转喻,并且这二者的一个主要特征就是突显事物某一方面的内容。这里通过对比《麦克白》的不同译本，从选择的主要维度出发分析文学语体的翻译技巧。

1. 详略度操作

在对同一场景进行识解重构时，不同的译者会选择不同的详略程度，最终体现在词汇层面（上下义词的转换）和句法层面（句子长度的增加或简化）。

（1）词汇层面

【示例】Knock, knock, knock! Who's there, i'th' name of Beelzebub?

译文1：敲！敲！敲！鬼东西，究竟谁在敲啊？（辜正坤译）

译文2：笃，笃，笃。——凭皮尔塞白说，谁在那里？（戴望舒译）

译文3：敲，敲，敲！凭着魔鬼的名义，谁在那儿？（朱生豪译）

译文4：敲、敲、敲！用恶魔的名义来问，是谁？（梁实秋译）

译文5：敲，敲，敲！凭大魔鬼拜尔示巴布的名字来问你，是谁呀？（卞之琳译）

"Beelzebub"原为腓尼基神话中的神——巴尔（Baal），意思是"天上的主人"。但是在拉比（Rabbi，即犹太教的宗教领袖）的文献中，"Beelzebub"被视为引起疾病的魔鬼。戴译本完全忠实于原文，直接将"Beelzebub"音译为皮尔塞白，没有对其进行精细化处理或删减。卞译本则在音译的基础上增译"大魔鬼"，明确了拜尔示巴布的身份。辜译本、朱译本和梁译本译为其上义词"魔鬼""恶魔"等，用"恶魔"代替目标语文化中空缺的西方神话中的邪恶形象，详略度降低，但不影响目标语读者对原文意义的理解。五个译本相比，戴望舒的版本对"Beelzebub"的翻译最不合适，在一定程度上造成了读者的阅读困难，降低了读者的阅读兴趣。

（2）句法层面

【示例】The spring, the head, the fountain of your blood is stopped, the very source of it is stopped.

译文1：你的血液之泉、之源、之头已被封住；你的生命之本已再无来处。（辜正坤译）

译文2：你的血泉已停流，源头已塞住了。（戴望舒译）

译文3：你们的血液的源泉已经切断了，你们的生命的根本已经切断了。（朱生豪译）

译文4：你的血统的泉源已经堵塞住了；根源塞了。（梁实秋译）

译文 5：你们的血液的来源、本源、根源，被人家截断了，你们的宗室断头了。（卞之琳译）

此句为国王邓肯（Duncan）被杀害后，麦克白对国王的儿子所说的话。辜译本和卞译本的详略度最高，对"spring""head""fountain"——进行翻译，译为"泉""源""头"，形式和内容都忠实于原文。其中卞译本的后半句，译者对"the very source of it is stopped"进行了解释性的翻译，译为"宗室断头了"。在古代和近代中国，宗族观念贯穿于整个社会，是维系社会结构的纽带。直到今天，生活在以中文为母语的国家和地区的人们，仍然保有较强的宗族观念。卞译本用中文读者熟悉的宗族概念解释了原文含义，有助于读者理解国王被害一事对整个王族的影响，因此本书认为卞译本最为合适，语言简洁且有效传递了原文的概念信息。

以上例子说明，任何翻译识解的重构活动都要基于对原文含义的识解，译者应着力于达到目标语读者与源语读者对原文认知识解的对等，而不是只拘泥于译文形式和原文形式的对等。对西方文化知识储备有限的中国观众来说，阅读西方文学著作可能会面临因概念空缺而读起来生涩难懂的窘境，适当增译或增加注解有助于读者理解。同理，选择对西方色彩浓厚的形象或概念进行模糊化、概括化处理，有利于减少目标语读者的认知负担。

2. 隐喻与转喻操作

认知语言学认为隐喻、转喻不仅是一种修辞方式，更是人们认识世界的基本方式。文化的差异影响着人们的认知方式，在一种文化里的隐喻概念和转喻概念可能难以在目标语文化中对应地建立。译者在翻译过程中需结合百科知识对原文中的隐喻概念和转喻概念进行认知识解，选择符合目标语读者认知习惯的方式来构建译文。

【示例】There if I grow, the harvest is your own.

译文 1：臣借这胸襟生长，为陛下开满树奇芳。（辜正坤译）

译文 2：我要在这块地上生了根，收成是属于你的。（戴望舒译）

译文 3：要是我能够在陛下的心头生长，那收获是属于陛下的。（朱生豪译）

译文 4：如能在陛下心上滋长，收获也都是陛下的了。（梁实秋译）

译文 5：我如在这里茁长，收获就是属于陛下的。（卞之琳译）

此句为班柯向国王邓肯表明忠心。原作者使用了"human being is plant"的隐喻概念，在建立概念系统的过程中，人类以自己为中心，将自己的自身体验投射到植物范畴。原作者用植物生长来隐喻人类成长的概念，"grow"和"harvest"关注的是植物生长过程和收获结果两个方面，映射到目标域中体现出原作者关注的是班柯人生中成长和建功立业的方面。

在源语和目标语文化环境中，人们对"人是植物"具有相似的认知路径且享有相似的体验，因此五位译者都采用了和原文一样的识解方式，仍然沿用"人是植物"的概念，实现了译者与原作者的认知识解对等。尽管五位译者在此处使用了一样的隐喻识解，但一般认为辜正坤的译本最佳。辜译本在再现原文隐喻识解的同时，其句末的"长""芳"与原文的"grow""own"作用一致，构成了诗歌音韵的对等。

第三节　公文语体的翻译技巧

一、公文语体释义

公文，一般指公务文书，是法定机关与组织在公务活动中，按照特定的体式、经过一定的处理程序形成和使用的书面材料。社会生活离不开公文，作为社会交际、行政管理的工具和手段，公文具有举足轻重的地位和作用。伴随着漫长的历史进程，公文发展到当代社会，已成为各级各类国家机关、企事业单位和社会团体在工作实践中实施管理、组织运行、沟通情况、解决问题的基本工具和重要手段。公文的功能十分丰富，既可用于发布政令、部署工作、公布情况、表达意见，也可用于请示汇报、反映情况、沟通信息、提出要求。因此，它既能够在社会行政管理中发挥作用，也承载着社会生活管理运作的重要信息，广泛反映了政治、经济、法律、民事、教育、外交等社会生活的方方面面。

公文语体是指为适应处理公共事务的需要、在公共事务领域中形成的带有特定体式、具有现实效用的语言表达综合体。

公务活动的交际双方往往是机关、单位和团体，公务活动的非个人性特点决定了公文语体在词汇、语法、语篇等方面呈现出区别于其他语体的特征。总体来说，公文语体的语言具有准确、简明、规范、庄重、程式化的特点。准确就是指语义表达上要清晰明确；简明就是指尽量用简洁的语言清楚明了地表达所要表达的内容；规范就是指公文语言既要合乎现代汉语的语法规则又要符合公文相关法规的规定；庄重就是指公文用语在格调上要严肃庄重进而体现公文的权威性；公文的程式化是指"公文表达有一定的程式，有一套固定的专门用语，有相对稳定的句式，有比较固定的结构样式"。

二、公文语体翻译

基于公文语体的特点，有关学者总结了公文语体的翻译难点：一是规范性问题，即公文有自己的用语体系，包含大量术语和程式化表达；二是准确性问题，在传递信息方面，要求词语选择准确、句子合乎逻辑、如实反映情况；三是简明性与清晰性问题，要求在保证用语规范和信息准确的前提下，采取适当的翻译策略，将原文大量的名词化现象和物称主语句翻译成简明、清晰、符合汉语习惯的译文。

（一）使用规范性语言

公文体文件中往往会涉及大量的机构、职位、团队、活动的名称。此类名称往往有固定译法可循，可在发布该公文的组织公开发表的文件库或术语库中查找。此外，一些在其他文件中常用的名词和动词，在相关组织的公文体文件中具有特殊、专业的意义，翻译时也需查找规范译法。

1. 甄别术语译法

在翻译文本中的术语时，译者往往会在专用的术语库中搜索。不同的组织或部门在使用同一术语时，采取的译法可能并不相同。译者面对术语库提供的多个译法，应当明辨使用该译法的部门、译法所处的语境，并结合正式文件系统中的平行文本，确定该术语的正确译法。

2. 结合平行文本识别

要确保公文体文件的译文使用规范语言，译者除了可以用平行文本比较几种译法的使用频率，还可借助平行文本判断一些看似通俗的短语或搭配是否在该类文件中存在规范性说法。译者在翻译公文中的固定搭配时，应避免匆匆下笔，不应在众多意思相近的表述中任选一个，而应在平行文本中查找该原文搭配，学习发布该公文的组织对这类说法的规范译法。沿用规范译法，可以使熟悉该文本特点的读者在阅读时更为顺利，更清晰准确地获取信息，也能保障文本规范、严谨的特点。

【示例】The Group welcomed the adoption of the draft resolution on the matter…

初译：该集团欢迎对该问题决议草案的采纳……

改译：77 国集团欢迎通过了关于该问题的决议草案……

译者在初译时，并未核实"the adoption of the draft resolution"中"adoption"的译法，在其常用译法"采用／采纳"中选择了语感上更为正式的"采纳"，实则因为译者识别具有规范性译法的语言时不够灵敏，未能意识到"adoption"在联合国的公文体文件中会有固定的规范译法。译者对比审校后的译文，在相关系统中查找，发现如果"adopt"的宾语是"road map/resolutions/decisions/agenda/report/work plan"等，"adopt"及其曲折变化词都会译为"通过"。"采纳"是指接受别人的意见或建议，是指某个团体对另一团体的提议的态度；而联合国的各类草案、议程、报告、决议通过时都经历了投票表决或一致认可，其形成过程体现了集体的意愿，所以"采纳"用在此处原本便是错译。由此可见，对于出现频率较高的常用表达，译者为保障此类文本的规范性，应多查找平行文本，尽可能多地发现固有译法，并在译文中运用。

（二）注重语义严谨

公文体文件是对实际情况的客观反映，它能够让读者了解到最真实的信息。因此，在词语选择方面，译者应十分慎重，保证用词准确，谨慎地选用在译出语中意思相同的词，并对自己的译文进行合理怀疑，将那些表意不当的词汇或句子选出并剔除；在句子翻译方面，译者应注重对原文逻辑的分析，做到将信息间的关系严谨、准确地再现出来；此外，译者还应从实际情况出发，结合背景信息以及上下文对原文进行深入剖析，得到原文表意未尽明确之处的实质含义，保障译文表述严谨，进而使得原文信息最大限度地准确呈现出来。

1. 加强词义核查

在词语选择层面，将英文的公文体文件翻译成中文时，译者应将准确作为首要目标。译者可通过查找词典、确认词语的使用语境来判断译文的选词是否正确。译者还可通过暂时转换思路，以读者的眼光单独审视译文，更能发现译文表意歧义、模糊之处。

2. 厘清逻辑关系

在句子层面，译者在翻译公文体文件时，应处理好句子的逻辑关系。面对包含信息较多的因果、让步、条件、修饰关系的复杂句，译者应先厘清各意群之间的逻辑关系，还应考虑到译入语的叙述习惯，合理组织句子结构，使译文符合译入语的表达习惯。

我国学者许国新曾在其论文中指出，"由于汉语的句式结构以偏正结构为主，通常是复句的主句在后、从句在前，所以在翻译长句时，首先考虑将状语的位置移到句首"。我国学者刘宓庆在《新编汉英对比与翻译》中提到，汉语的思维方式先因后果，影响叙述方式，形成了复句中"先副后主、先前述后结述的逻辑语序"。正因如此，汉语习惯先陈述状语、条件、原因等成分，再得出结论。译者在组织句子结构时，也应符合汉语中"先前述、后结述"的语序。

（三）注重语义简洁清晰

我国学者史玉峤认为，公文应当用简洁的语言，注重表达的稳妥与明确，并且注重语言"明白晓畅、干净利落，力避含混不清、重复拖沓"。我国学者曹菡艾、赵兴民也指出，在起草公文时，起草者追求的目标便包括精炼与清晰，体现在一句只陈述一个事实、尽量使用动词而非与动词同根的名词、尽量使用主动语态、尽量使用具体的词而非抽象的词等方面。简洁与清晰虽属两个不同概念，但它们之间的联系十分紧密，对译者提出的要求也很高：原文中简洁的表达或许无法以同样简洁的方式译为汉语，需要进行适当解释；而如果译者无法摆脱原文表达方式的牵引，译文就会出现模糊的欧化表达，显得僵硬又笨拙，表意不够清晰，让读者似懂未懂，不利于读者的理解和接受。既然简洁与清晰是公文书写者所追求的目标，那么译者在翻译公文体文件时也同样应当注意语言的使用，避免拖泥带水、冗长繁杂、模糊的表述，用精确恰当的语言直接阐述信息。

1. 突出核心信息

传递信息是公文体文件的一大功能，但译者在进行双语转换时，需要考虑中文和英文在组织句子、传递信息方面的差异。在句子结构的组织上，英语和汉语有很大差异。英语的句子具有句尾开放性，句子可以顺线延伸，无限延长，因而英语的句子中修饰语后置，甚至可以对修饰语中的某个词或短语再添加修饰语，用介词短语、定语从句、同位语从句、插入语等方式，形成一直向右延伸的句子结构。汉语句子具有句首开放性和句尾紧缩性，所以往往将句子核心放在句尾，而将条件、目的、原因和起解释说明或修饰作用的成分放在句子核心之前，按照信息的相关度由远及近地组织句子。但英语和汉语的信息传递方向相同，都是从已知向未知过渡。所以，译者在进行英语翻译时，应当根据英语句子展开的习惯，在句首寻找原文的信息焦点，而译成汉语时，则应将信息焦点放在句尾突出该信息焦点，便可实现有效的信息传递。

2. 语序符合汉语习惯

在翻译过程中，译者应注意摆脱原文的牵引，避免译文中出现不符合汉语习惯的表达。在翻译时，译者要注意列出对应的关系词，保证译文逻辑顺畅清晰，便于读者理解。

第四节　广告语体的翻译技巧

一、广告语体释义

广告，顾名思义，就是广而告之，泛指一切不针对特定对象的公告，包括公益广告、旅游广告、商业广告等。现代生活中，广告作为一种特殊的文化形式已经和我们的生活紧密联系在一起，当你翻开报纸杂志、打开互联网、收听广播，甚至走在街头，都在有意无意地接收着广告信息。

广告作为一种具有社会语言特性的独特题材，是一种集文学、美学、语言学、心理学、社会学、广告学等学科为一体的艺术性语言。它作为人类历史上一种古老的宣传手段，其价值与作用在如今快速发展的互联网文化中仍没有落伍褪色。广告依旧是当今社会有效的营销手段和文化交流的重要工具。

广告作为有效的大众传播手段，其目的和风格都决定了广告语体的特殊共性风格，也就是词汇新颖、别具一格，句式简短、朗朗上口。广告语体在语言表达形式上具有极其鲜明的个性，文字间行文工整、押韵对仗，音节间节奏感强、音韵和谐，带给人们一种耳目一新的感觉，可以达到经久不忘的效果。

广告语体的正确使用可以让广告效果"事半功倍"，所以在广告语翻译的过程中，译者对广告内容的理解式解码和重组创造性再编码显得尤为重要。广告语中常使用的修辞手段不仅包括体现在词义上的比喻、夸张等手法，还包括体现在句法和音韵上的排比、对偶、押韵等，在翻译过程中应保留修辞手段所带来的感情色彩，让译文读者感同身受。

总的来讲，广告广泛采用修辞手段，可以有效达成其语言的独创性和丰富性。传递广告的修辞效果、保留其文学底蕴，是广告语翻译的关键，也是难题所在。

二、广告语体翻译

在广告语的构成中，语言是一项不可缺少的重要因素。广告语的翻译其实也是两种语言之间的较量与磨合。因为英语和汉语属于两种完全不同的语言体系，所以它们不论是在构词方式、表达形式还是语法结构、色彩表达等部分本质上都有所不同。

如果译者没有很高的文化素养，就很有可能只注重到广告语表层意义的传达，这样就很容易出现源语色彩损减的问题。针对这种情况，以下就从广告语言的语音、词汇和语法三方面对广告语体的翻译技巧进行探讨。

（一）语音方面

一般而言，英语广告语很少有在语音上强调押韵的情况，而汉语广告语通常会在语音上下"大功夫"，因为音节的匀称体现了广告语言的均衡美，音韵上的声韵美主要体现在平仄相对、韵脚和谐、叠音生动、音部自然、重音突出等特征上，这些语音上的特征使广告语言听起来抑扬顿挫、铿锵悦耳，使受众在美的体验中产生对产品的兴趣和好感，以达到促销的目的。汉语广告语通常利用节奏、押韵、谐音和声调来增加广告的艺术效果，因此，在汉译过程中，要注意变通，尽量实现语音和情感的对等。

（二）词汇方面

广告语的特性决定了广告文本中的词汇选择要更加凝练，更加与广告形象匹配，所以在广告语中经常会使用到形容词性的词汇来美化产品和企业的形象，或者使用一些创新词来彰显广告语的审美，让受众更容易产生联想，从而引领时尚的潮流。在汉语广告中，更多地会使用成语、俗语、诗词、典故等熟语，因为熟语是人们长期运用的固定短语，有极高的文化含金量。

如今熟语已经成为广告用语中一种不可忽视的现象，因为熟语更容易吸引受众的注意力，给人留下深刻的印象，还可以增加受众对产品的认可度，从而获得较好的宣传效果和经济效果。有时在借用熟语的时候还会将熟语中的词汇改成谐音字，表达另一层意义，从而达到广告语诱导消费的意图。但是在此类广告语翻译过程中，译者对文化的认识偏差很有可能会导致对源语的隐含意义判断失误，这样翻译出来的广告语也就失去了应有的语言色彩。

因此，在英语广告的汉译过程中，要重视汉语熟语的使用，在译文中尽可能地使用人们耳熟能详的成语、诗词等，加强广告语中的文化底蕴，更好地发挥广告的诱导和宣传作用。

（三）语法方面

在广告语中同样的信息通过不同的语言形式会产生不同的信息重量，从而达到不同的劝导效果，广告语中无论是书面形式还是口语形式都包含了四种句类：陈述句、疑问句、祈使句、感叹句。

在广告语中，陈述句舒缓、平铺直叙，是追寻客观叙事语境效用下的最优句式。大部分广告语会运用铺叙的手法，偶尔运用疑问句形式，可以给人耳目一新的感觉，从而唤起受众的好奇心，引发受众思考。

祈使句是表示命令、禁止、请求的句子，在广告语中，祈使句的使用频率较高，它通过直接与受众对话的方式拉近与受众之间的距离。

感叹句可以激发受众特定的情感，这些感情充沛的广告语牵动着受众的敏感神经，使受众对产品产生向往之情。

在广告语体的翻译过程中，若是合理使用这些语法句型，则会起到事半功倍的效果。

第五节 科技语体的翻译技巧

一、科技语体释义

（一）科技语体的定义

科技语体是以科学研究为内容，以阐释、描述、记录科技研究为目的的各种文本的总称。根据以往的分类，科技语体还可分为社会科学语体和自然科学语体。

科技语体作为一个范畴，还有其次范畴（或子范畴），即社会科学语体、自然科学语体等，而这些范畴还可以进一步被范畴化为更细的下级范畴。

（二）科技语体的特征

科技文本以运载科技思想为职能，主要目的是给读者传递新知识、新理论、新资料等。科技英语作为一种独立的文体形式，自身具有概念准确、描述客观、行文精炼、逻辑性强等特点。科技文本中通常包含大量专业术语、名词化结构、公式化表达、被动句和复杂长句，文体风格具有准确客观、正式规范、逻辑严密等特点。具体来讲，科技语体还具有以下文本特征。

1. 时代性与专业性

现代社会进入了科技时代、信息时代，不同领域的科技会不断赋予科技语言更多信息，不同时代的同领域科技信息所涉及的内容和知识都会有较大差距。随着信息技术的不断更新、拓宽与升级，需要传达的知识和信息也更为复杂和专业，因而科技语体具有时代性的特征。

此外，科技语体又具有专业性。科技文本所承载的是专业严谨的科学，在科技发展的各个时代，科技文本所选用的词汇和表达都具有很强的专业性，独立于日常用语之外。科技语言中的专业术语排斥多义性，即某一术语在某一学科领域中具有唯一意义，以避免引起概念混乱、论点不清等问题。正如我们所熟悉的数学、物理、化学等学科的专有术语表达，不能更改也无法替代，具有唯一性。

科技语言经过交流、对比、提炼，通过凝练的概括性表达呈现信息，具有高度准确性和专业性，即使在不同著作的编写过程中，此类概括性表达也不可轻易更改，此为科技语体的专业性特征。

2. 客观性与实用性

科学技术注重对客观规律、事物发展以及实际运用的描述。科技文本呈现的客观意义强于其他文本，是人类借以传播科学思想和实用技术的主要手段。科技人员普遍尊重客观规律，而不受个体心理感受的影响，在语言形式上则表现为科技著作对事物发展及客观规律的描述。科技文本的目的在于传递科技信息和知识，基本不会出现作者主观情感和交流方面的内容，具有很强的客观实用性。科技文体描述的客观性要求语言的所指和限定明确，不产生歧义，最大限度地模拟客观世界的主客体之间、客体和客体之间的关系，以及对应的时间和空间关系。

科技知识是用来解释科学现象和各科技领域理论及实践的知识文字，其语言客观、准确、真实，科技知识的传播能够推进科技的创新与发展。对于科技工作者来说，阅读和学习科技文本能促进知识学习，发散科技思维，提高实际工作中的效率和质量，从而不断开辟新的科技领域。对于其他读者而言，科技知识不断促使人们认识新的科学原理，启发他们的创造性思维，并从中获取实用信息以丰富社会生活。科技语言的客观性与实用性有助于让读者高效获取文章中的科技信息，避免歧义与误读。

3. 规范化与符号化

科技文本惯于用简练的语言来表达复杂的信息。随着科技语言的使用与发展，不同领域的科技语言形成了一定的规范表达，因此，在介绍特定领域的科学知识时，必须选用该领域的表达范式，适切地选择相应的词汇、语体和信息结构等，才能更有效地区分不同科学领域内的知识，促进信息的规范有效传播。

科学技术进步与科技语言的发展是相互影响的，每当科学技术取得了重大突破，其语言系统也必然经历更新与替换，在交流的过程中变得更为规范有效。科技文章中常包含大量的特定符号、公理、图表等辅助说明方式，从而将深刻繁杂的内容以清晰简明的方式表达出来，为科技语言提供精炼规范的表达范式，有效地促进了科技的交流与发展进程。科技文章中规范化与符号化的表述实际上是科技语言不断进步发展的表现形式，科技语言的发展升华是科技信息时代快速发展的重要基础条件。

4. 逻辑严密性

科技文本的内容大多是事物发展变化的过程及原理，而其中的"逻辑"知识是事物发展变化的规律。只有准确科学、逻辑分明地呈现出事物发展变化的规律，科技语体才能体现出意义，因此"逻辑严密性"是科技语体的一个鲜明特点。

科技文本写作是一个日积月累的过程，取材于作者的切实研究和经历，科技著作不仅要对专业知识的各领域和各方面进行系统介绍。更为重要的是体现作者的研究心得和科技思想。科技文章所涉及的内容常以多层次、立体化的形式呈现，而其逻辑关联将各块内容间的关系厘清，将文章有机联系成一个整体。

科技语言的背后是科技思维，科技思维要求科技语言概念明确、逻辑严密。逻辑思维贯穿于科技文章的始终，各领域的科学各有其研究对象、方法和结论，但各科学领域之中都有其内在的本质关联，科技著作的段落之内、段落之间以及每一章节的内容都不是孤立的，都受到逻辑思维的指导和支配。

5. 通俗性

相较于文学作品，科技文本的语言风格又是十分质朴、有规律可循甚至是通俗易懂的，只要弄清楚其中术语的含义，就基本不会出现理解上的偏差。正如刘宓庆所言，科技文本"总是力求少用或不用描述性形容词以及具有抒情作用的副词、感叹词及疑问词。……尽力避免使用旨在加强语言感染力和宣传效果的各种修辞格，忌用夸张、借喻、讥讽、反诘、双关及押韵等修辞手段，以免使读者产生行文浮华、内容虚饰之感"。

二、科技语体翻译

（一）语境关系顺应

在交际过程中，语言使用者会因语境不同而选择不同的语言手段以达到交际目的，因此，语言的选择必须顺应于语言使用者所在的语境。在跨文化、跨学科的翻译活动中，语境对语言交际功能的发挥有着制约和辅助作用。语境包括交际语境和语言语境，就相关的翻译实践而言，交际语境由作者、译者、读者三方的语言环境、科技领域知识背景以及个人的认知程度等方面共同构成；而语言语境指的是语篇内的连贯及衔接，包括文体风格、逻辑－语义关系、篇内衔接及篇际制约等方面。译者应在翻译过程中顺应语境因素及跨文化和跨学科因素，灵活选择翻译方法，才能实现交际目的，重现原文信息。

1. 语义顺应

根据顺应论，语言具有变异性、商讨性和顺应性，语言在内部或外部因素的作用下需要灵活变更表达，因此在特定语境的影响下，应顺应语境因素做出适切的语言选择。在原文本中，作者在其科学思维及工作经验的指导下构筑原文，词汇语义受科技语境及文本中逻辑语境的制约，译者应在充分理解原文的基础上，顺应语境因素做出不偏离原作含义的表达。

2. 篇内衔接

逻辑关系与衔接手段将句子有机联系起来，构成了具有完整意义的段落。为了确保译文语言顺畅、表述清晰，处理好原文上下文语境的逻辑关系及衔接手段至关重要。当原作中涉及大量科技知识与内容，衔接词较少，逻辑关系隐含在句意及语境之中时，译者应积极发挥主观能动性，从上下文语境中获取信息，顺应作者的思想及逻辑关系。

【示例】① It includes a sequence of steps, along with guidance, strategies, best practice examples and templates, ② that take into consideration both business and technical requirements. ③ It consists of four phases:...

译文：①该方法涵盖了②兼顾业务和技术要求的一系列步骤、指导、策略、最佳实践示例和模板，③共包括四个阶段：……

英语和汉语中的代词都有指示或替代等作用，但相较于英语而言，汉语中较少使用代词。该段内容主要为对云迁移方法的概述，结合上下文语境，汉译时代词应具体指明要点，故衔接上文内容，将①处的"it"译为"该方法"，而在③处，为避免重复，译者顺应汉语的表达习惯，省略了再次出现的"该方法"，并将其接续合译为一句，从而使表意精炼简洁、语义连贯，使译文通顺适读。

英语中有许多后置的修饰成分是通过语法结构连接起来的，而汉语句中的修饰成分一般前置，句内不同的意思往往由不同的短句表达出来。②处定语从句为名词的修饰语，在翻译时应改变其所在的位置，因而译者顺应汉语表达习惯将其置于名词之前，另外顺应此处语境将词组"take into consideration"（"顾及""考虑到"）译为"兼顾"。以上处理方式皆增强了译文的简明性和可读性。

语境不是静态存在的，在翻译这一交际过程中，不断激活的语境因素和交际方所处的环境因素会促使语境顺着交际过程的发展而不断变化。在相关的例子中可以发现，译者在科技语境的背景下，关注段落内上下文语境的逻辑关系，顺应汉语语境中的表达习惯，通过增词、省词、添加衔接词及转换表达方式等方法，呈现出原文的逻辑关系，充分传递原文信息。

（二）语言结构顺应

为了达到不同的交际目的，语言使用者会对词汇、语态、句子等话语构建成分做出灵活选择。在科技语体翻译活动中，译者应深入了解目标语与译入语间的差异，针对不同情况灵活选择翻译方法和技巧，顺应原文文体及译入语表达习惯，才能使译文符合读者的阅读期待。

1. 增译词汇

鉴于英汉两种语言不同的思维方式与语言习惯，在翻译时可增添词汇、短语与句子，即增加那些在句法、语义上必不可少的词语，也就是原文字面虽未出现但却为其实际内容所包含的词语。

【示例】Such a structure is called as a fully benzenoid hydrocarbon and is known to be stable.

初译：这种结构被称为饱和芳香烃类，并且很稳定。

改译：这种结构被称为饱和芳香烃类，性质很稳定。

初译时译者直接顺着原文翻译，初看并没有发现问题，但是审校时发现译文意思有缺失。"并且很稳定"可能对于熟悉化学的人士可以理解，但对于其他人来说太空泛，表达不明，因此译者改译时增译了"性质"一词，补足了原文想要表达的意思；而且初译译文读起来别扭、生涩，因为英语属于形合语言，多使用连接词，而汉语属于意合语言，使用较少连词。初译中"并且"太突兀，不符合中文表达，所以不用译出。改译后，译文表达更专业、更地道。

2. 语态选择

在英语中强调动作的承受者时，常用事物的名称作主语，用被动语态来表示相关动作或事物所处的状态。由于科技文体反映的多是客观事实或据此做出的科学推论，因此，语言运用要体现客观性和普遍性，避免主观臆断，故多使用被动语态。

汉语中对被动语态的使用较为谨慎，且一般不用"被"字表达被动关系。在翻译时，译者应顺应科技文体和中文表达习惯，能动地选择语态，以确保译文忠实流畅。

【示例】Team members may well ① be seconded, full-time or part-time, ② from their permanent jobs and still have responsibilities distracting them from their work on the project.

译文：团队成员可能是②从他们的固定工作中①被借调来从事全职或兼职的工作，身上还肩负着其他职责，无法在项目上集中精力。

此句讨论的是团队成员工作的相关内容，云技术团队需要不断培训、学习，以掌握新的技术技能，从而符合云迁移的需要，所以项目成员并非只是从事固定工作。例句中①处的"second"在日常生活中的常用语义为"第二""秒"等，而在此处结合上下文所描述内容，则需要取其"临时调派"的含义。此句主语为"团队成员"，作者用被动语态来描述"团队成员"的工作状态，在汉语逻辑中，"团队成员"与"调派"搭配时也是被动关系，因此直接将"be seconded"译为"被借调来"，凸显句内的被动意义。在②处，"from their permanent jobs"是此句的定语成分，中文惯于在发展的逻辑下进行表达，在译为中文时应改变其表达顺序，按照从"固定工作"借调到"其他工作"的逻辑顺序将其转换成中文的限定性状语成分置于句子主要内容之前，而后将句中信息拆解，化为短句译出，避免句子冗长。

被动语态在科技英语文本中应用较多，科技著作的作者想要客观地说理叙事，所以不会过多强调行为的主体，而是将科技问题和现象放在主语的位置上进行论证和说明，从而突出其重要性，引起读者注意。由于中西方逻辑思维方式和表达习惯的不同，科技英语的被动语态和汉语的表达方式存在许多差异，所以在科技英语被动语态的翻译过程中，译者要顺应科技知识、原文语境以及译入语语境，选择灵活多样的翻译技巧以保证信息传递。

3. 调整语序

英语语序侧重形象思维，而汉语语序侧重抽象思维，存在着较大差异。因此在英汉翻译过程中，只能遵从"次序从严、因词制宜"的原则，正确区分不同次序中所蕴含的不同语义特征，并将这些特征或差异妥善地反映到译文中来。但这并不是说要无条件地照搬原文的语序，可以根据具体情况合理调整语序，达到译文形式和内容的和谐统一。

4. 拆分句子

科技英语多用长句，有时主句与从句或主句与修饰语间的关系不十分密切，有时原文中的某个词、词组或短语与主句的关系相对独立，这个时候就可以使用拆译法把它们译为汉语的一个句子。

词汇、语态、语序、句子是构建话语的重要组成部分。在言语交际过程中，交际者要考虑自己的语言表达水平，语言的方便和实用程度，还要考虑语言之外的社会因素。同样，在翻译中，译者也应掌握中英文的特点所在，根据原文语境，选择合适的话语构建成分，按照目标语的逻辑思维方式和表达习惯重新安排信息结构，如此才能将忠实流畅的译文呈现在读者面前。

（三）语言选择的动态顺应

语境关系顺应和语言结构顺应都是意义生成过程的重要组成部分，语境因素对语言结构有制约作用，而不同的语言结构也会对语境变化产生影响，二者相互作用动态地形成了话语意义。在原文本中，虽然科技背景知识以及作者的社会、文化和认知等因素是固定不变的，但这些因素并不能确定语言表达的形式。由于具体情境内容和迁移流程的不同，译者在翻译时应根据交际目进行动态顺应，从而做出不同类型的语言选择。

1. 选择语言表现形式

科技语言受到科技文体的限制，注重强调内容的真实性与客观性，因此在提及科技语言的时候大多强调其科学性、简明性及逻辑性等特点，然而科技语言中也不乏生动形象的表达，在翻译此类句子时应顺应作者口吻，译出其独有特点。在进行科技翻译时，不能只满足于文从字顺和准确通顺，而应极力探索其中蕴藏的美感，在遣词造句、布局谋篇中加以体现。

2. 顺应读者的认知水平

交际者选择语言、做出语言顺应的过程中会受到社会和认知因素的影响，而由于不同生活背景下社会和认知因素的差异，交际者在表述和接收信息方面也存在不同程度的差异。译者在翻译时应兼顾作者和目标语读者的认知水平以及科技方面的相关知识，对文中专业表达进行加注处理，并对较为晦涩难懂的语言表达进行把握、转化，顺应读者理解与接收的水平，弥补人们在掌握信息方面存在的差距，达到信息的平衡。

【示例】① It serves as a focal point for life cycle management of both applications and services, and teams will need to develop new skills and processes to evaluate cloud services and a workload's ② eligibility for the cloud.

译文：①项目组合管理是应用及服务生命周期管理的重点，团队需要开发新的技能和流程来评估云服务和工作负载②是否适用于云计算。

此例所在段落重点讨论的内容是"项目组合管理"，为避免指代不清，此处选择将"it"译为上文中提到的名词概念，即"项目组合管理"；在②处，作者用名词化结构来说明"云服务和工作负载是否适用于云的问题"，动词经过名词化之后，其所表达的意义更为客观严谨，文字表述也更为正式，但如果在中文语境中将其译为名词"适配性"，再代入句中，译为"评估云服务和工作负载与云的适配性"，那么句子中名词概念过多，容易产生混淆，读者可能会错误理解为"评估云服务，以及评估工作负载与云的适配性"，且句中名词过多不符合中文动态性语言的特点，因此译者将句中的名词转化为动词，将静态意义通过动态的形式表达出来，最终译为"……是否适用于云计算"。

在上述例句中，所有的处理方式都是为了减少读者的阅读障碍，避免译文因过于"简陋"而导致的枯燥乏味和浮于表面。在科技文本的翻译过程中，译者应理解原文，熟悉相关科技知识，并把握目标语读者的认知水平和接受能力，尽可能地挖掘原文中的隐含信息，呈递给读者。译文中呈现的内容越深入完整，读者所进行的学习思考才会越有意义。

第六节　旅游语体的翻译技巧

一、旅游语体释义

旅游语体是一种高组织编码的系统，它需要利用一些策略来表达想法与情感、表明事件、与游客交换信息以及消息、展示旅游地的优势。

当研究旅游语体的特点时，旅游标志作为一种抽象的信息传达形式也不应被忽视。在当今社会快速发展的时代，旅游标志不仅能够快速且形象地提供给游客关于旅行地的信息，而且能让旅行地的事物表现得活灵活现，甚至吸引更多潜在游客前来旅游。恰当的词汇、合适的表达方式以及谚语的使用都能够让旅游语言更加幽默，从而缩小游客与导游之间的距离，使游客感到更加亲切。

二、旅游语体翻译

（一）特色词汇的翻译

1. 专有名词的翻译

事实性信息是旅游指南文字的基本信息，旨在向游客介绍有关旅游地及其旅游项目的特色等。中西方在旅游文化方面存在差异，反映在旅游文本上，体现为汉语旅游文本注重语言形式，而英语旅游文本注重内容。这就要求译者在翻译时应最大限度地完善语言形式，使得译文在具有较高信息传达度的同时优化语言的表达。同时译者应深谙中英旅游文本的差异，学会甄别信息的冗余度。这里将主要从专有名词的翻译这一方面分析如何翻译事实性信息。

专有名词是表示特定的人、物、地方、机构、组织、制度等的名词。源语文本中往往会出现大量的专有名词，内容涉及旅游地的政治、文化、经济、农业等各个领域，这些信息可以帮助游客全面了解当地的旅游特色。一般而言，专有名词的翻译主要遵循"名从主人""约定俗成"以及"按名定实"三个原则，但由于一般所选专有名词没有官方权威的译法，译者需在理解的基础上，查阅资料以及参考平行文本，给出较合理的译文。

2. 文化负载词的翻译

文化是旅游的核心和灵魂，不存在离开文化信息的旅游文本。旅游指南中的文化信息是指旅游地及其旅游项目所带有的民族文化特色。翻译文化信息有助于加深中国游客对国外民俗文化的了解，促进文化交流和传播。文化信息性质的文本信息传达度较强，但存在较大的变量，译者在处理翻译文本中的文化信息时，需把握中国游客对相关文化内容的需求度，才能更好地实现文化交流的目的。

文化负载词，又叫文化内涵词，是一个地区甚至一个国家精神文化的直接体现，它们不仅承载着独特的文化内涵，也反映了当地居民的真实生活状况。一般来说，文化负载词具有民族特殊性、文化传承性、翻译中对等词的不确定性等特点。探究国外民俗文化负载词的汉译策略，将有助于帮助中国游客了解国外民俗文化。

3. 景点名称的翻译

景点名称作为旅游文本的一个重要组成部分，既有旅游文本的共性，又有其独特的个性。

景点名称是一个景点的标志，起到指示性的作用，便于游客掌握景区的基本信息。游客在进行游览之前，首先关注到的就是景点的名称，从而判断景区是自然景观还是人文景观，或可能根据名称推测该景点与其地理方位、生态环境之间的关联。因此，准确、规范地翻译旅游景点名称，便成了景区简介翻译的一个关键步骤。

一般而言，景点名称的构成包括三个成分：专名、通名和性状成分。专名用来指示景点独一无二的特点，通名用来指出景点的类别属性，有的景点名称还含有具有修饰性质的性状成分。一般而言，专名经常使用音译，通名和性状成分采用意译法来翻译。

许多旅游景点背后都有动人的"故事"，其中包含了丰富的文化内涵，译者在翻译这些景点名称时，必须运用跨文化交际的翻译策略，将景点名称中承载的文化意义有效地传达给目的语读者。

（二）美学信息的翻译

美学信息在旅游文本中属于文字的附加信息，包括语言的修辞手法、意象形态、语言结构与节奏等表达形式。汉语注重语言结构和语言形式，汉语旅游文本以语言优美、善用修辞为显著特点。英文旅游文本则恰恰相反，更注重客观描述信息，注重语言内容。因此译者在处理旅游指南中的美学信息时，尤其需要将中英旅游文本差异考虑在内，并且需要考虑目的语读者的审美心理和习惯。

翻译美学信息，译者需先共情，其次移情，最后在再现原文美学信息的过程中，尽可能地使译文呈现"内容情志美、语言形式美、修辞模糊美、音韵声律美和篇章结构美"。

1. 修辞格的翻译

在翻译材料中很多时候会综合运用多种修辞手法，包括比喻、拟人、对偶、排比等。运用修辞手法对增强语言感染力、更好地吸引游客有明显的作用。

由于中英语言存在文化差异，并非所有的修辞手法都能在译文中找到对等的表达形式，因此译者应结合具体情况具体分析。

2. 意象形态的翻译

有些源语文本在意象形态描写方面着墨较多，相关学者对其进行总结后发现，主要包括以下两种方式：一是多使用修饰词语；二是意象堆积，营造画面感。译者应基于这两种情况，并结合具体语境描写的意象形态进行翻译。

参考文献

［1］孔祥娜，李云仙. 英语翻译方法与技巧演练 [M]. 长春：吉林美术出版社，2017.

［2］王苗. 功能翻译理论与科技英语翻译策略研究 [M]. 北京：冶金工业出版社，2018.

［3］张娟. 中外文化差异与英语翻译研究 [M]. 北京：北京工业大学出版社，2018.

［4］陈秀春. 英语翻译理论与应用型翻译人才培养研究 [M]. 北京：北京工业大学出版社，2018.

［5］郭文琦. 基于跨文化交际视角下英语翻译技巧与方法研究 [M]. 北京：北京工业大学出版社，2019.

［6］马郁文，赵彦青. 英语翻译理论的多维度阐释及其应用探索 [M]. 北京：中国书籍出版社，2020.

［7］张烨，张园园. 基于跨文化交际的复合型英语翻译人才培养研究 [M]. 北京：中国书籍出版社，2021.

［8］唐昊，徐剑波，李昶. 跨文化背景下英语翻译理论研究与实践探索 [M]. 长春：吉林人民出版社，2010.

［9］周慧. 中西方文化差异背景下英语翻译技巧 [J]. 智库时代，2017（17）：239.

［10］杜柯含. 功能翻译理论视角下英语翻译技巧探讨 [J]. 才智，2019（13）：217-218.

［11］丁菲. 英语翻译技巧与方法的应用分析 [J]. 现代交际，2019（7）：80.

［12］雷雯. 浅谈英语翻译技巧与方法的应用 [J]. 海外英语，2019（1）：103-104.

［13］李杉杉. 浅谈英语翻译技巧和有效性提高的方式方法 [J]. 英语广场，2019（8）：40-41.

[14] 王海芸. 跨文化交流下的英语翻译策略研究 [J]. 河南科技学院学报, 2020, 40（11）: 69-74.

[15] 古丹. 浅析英语翻译技巧与方法在实践中的应用 [J]. 福建茶叶, 2020, 42（3）: 303.

[16] 李美玲. 英语翻译中跨文化视角转换及翻译技巧分析 [J]. 长江丛刊, 2020（33）: 27.

[17] 潘海鸥. 英语翻译中中西文化差异的影响分析 [J]. 海外英语, 2020（22）: 66-67.

[18] 冀姗姗. 功能翻译理论视角下大学英语翻译教学策略研究 [J]. 科教导刊(下旬刊), 2020（30）: 127-128.

[19] 左瑜, 高文捷. 跨文化背景下英语翻译技巧与视角转换问题研究 [J]. 英语广场, 2020（3）: 8-9.

[20] 马睿. 基于文化自信背景下大学英语翻译技巧探析 [J]. 文化创新比较研究, 2020, 4（15）: 101-102.